KB076366

비폭력으로 살아가기

Principles and Practices of Nonviolence

비폭력으로 살아가기

영혼을 풍요롭게 하고 행복한 삶을 위한 30가지 지혜

Principles and Practices of Nonviolence

에디 자카파 지음 | 김하늘 옮김

한국NVC출판사

"매 장마다 지혜가 담겨 있을 뿐 아니라 비폭력 원칙을 어떻게 실천해 나갈지 생각하도록 우리를 초대한다. 영혼을 풍요롭게 하고 정신을 살찌우며, 개인과 집단의 치유에 필요한 책이다. 바로 우리 시대를 위한 책이다!"

"이 책에서 에디 자카파는 우리 모두가 듣고 공감하고 사랑할 30가지 접근법을 나눈다. 그는 그의 멘토와 영웅들의 감동적인 말을 자신의 경험과 연관지어 설명하는 한편 우리가 스스로 행동할 수 있도록 영감과 자극을 주는 방법을 실었다."

"이 책은 비폭력대화 방식으로 소통하고 살아가는 데 필요한 생각과 실용적 조언을 모아놓았다. 지은이는 적절한 인용문과 따라하기 쉬운 단계별 방법을 제시하여 교재로도 효과적이다.”

-베티 가르시아Betty Garcia, 가정 폭력 전문 변호사

“이 책은 마하트마 간디와 마틴 루터 킹이 비폭력을 어떻게 실천했는지 설명하고 사람들이 삶에 접목하기 쉬운 일상에서의 연민 실천법을 알려준다. 자기 내면을 솔직히 들여다보면서 어떻게 하면 자신에게 상처 입힌 사람과 공감할 수 있을지 스스로 묻도록 한다는 점이 특히 흥미롭다. 삶의 모든 영역에서 연민과 비폭력의 새로운 시각을 얻고자 하는 이에게 이 책을 추천한다.”

-샤빌라 비제이Shabila vijay, 취약 계층의 주택을 운영하는 머시 하우징의 입주자 서비스 관리인

“많은 깨우침과 자극을 주는 책이다. 비폭력을 주제로 다룰 뿐 아니라 아무것도 없다고 생각한 곳에서 어떻게 장점을 발견할 수 있는지 알려준다. 지은이는 마하트마 간디와 마틴 루터 킹을 비롯한 많은 이들이 비폭력 행동에서 보인

생각을 소개한다. 자신과 타인의 내면을 들여다보도록 도와주고 우리가 왜 선입견을 가지고 타인을 대하는지 이해하게 해준다. 이 책은 희망을 준다. '비폭력을 실천하고 타인을 긍정적으로 바라볼 때 상대를 감화하고 사회를 변화시키며 새로운 미래를 불러들이는 데 도움이 된다는 점을 기억'하라는 말이 그렇다."

―케런 조던Karen Jordan, 전 미국 공군 하사

"에디 자카파는 비폭력 분야의 혁신가다. 그와 함께 한 단계씩 삶을 헤쳐 나가며 타인과도 공유하는 과정이 내게는 정말 즐겁다. 그는 이 책을 통해 수년간의 경험을 독자와 나눈다. 책을 읽다 보면 폭력이 끝나기를 바라는 그의 열정을 느낄 수 있다. 이 책에 나온 원칙과 실천을 따르면 우리 사회를 혁신하는 일에 일조하고, 공동체에 만연한 폭력을 없애는 데도 큰 진전을 볼 것이다. 나는 과거에 에디와 함께 일하는 행운을 누렸다. 이제 이 책을 가능한 모든 사람과 나누려한다. 폭력을 끝내기 위해 헌신해주어서, 나

를 도와주어서, 더 나은 방식으로 소통하며 평화를 누리고 살도록 우리 모두를 가르쳐주어서 고맙다고 에디에게 전한다!"

"지은이는 비폭력의 삶에 비추어 자신의 행동과 감정을 살펴보도록 독자를 초대한다. 각 장이 끝날 때마다 나오는 질문들은 비폭력을 실천하게끔 우리를 이끈다. 독자에게 그들의 반응과 행동을 알려달라고 청하는 그의 방식 속에 이웃을 사랑하고 비폭력을 실천하는 그의 진심 어린 마음이 고스란히 드러난다."

'비폭력'이란 말을 들었을 때 우리 대부분은 자신의 일상에서 생활태도 보다는 먼저 정치나 사회적 문제와 연관하여 생각하는 경향이 있다.

우리 사회에는 여러 가지 좋은 것이 많지만, 동시에 변화가 필요한 심각한 폭력적인 면도 있다. 그런데 사회란 무엇인가? 사회는 그 사회를 구성하고 있는 모든 사람들이 서로 어떤 인간관계를 맺고 있는지 그 전체를 추상화한 것이다. 따라서 그 사회의 구성원들이 각자 자신과, 주위 사람들과 획기적으로 다른 관계로 살기 사작하면 사회가 획기적으로 바뀔 수 있다. 그것은 우리, 저와 당신의 적은 행동의 변화에서 시작된다.

간디와 마틴 루터 킹은 내가 가장 존경하는 분들이고 비폭력대화의 기본 정신을 닦아 놓으신 분들이다. 그분들은 비폭력의 영적인 사랑의 힘을 믿고 그 힘을 삶의태도로 보여 주면서 역사적인 사회 변화를 가져왔다. 마셜 로젠버그는 간디의 아힘사(

비폭력) 정신을 우리가 하는 매일의 대화에 넣은 대화 패턴을 만들어 '비폭력대화'라 불렀다.

이 책에서 에디 자카파는 우리가 비폭력적으로 생각하고 말하고, 행동하는 연습을 하고 실천하는데 도움이 되는 제안을 하고 있어서 반갑고 고맙다. 비폭력대화 트레이너인 에디는 아힘사 의식의 빛을 비폭력대화의 한 면 한 면에 비추어 준다.

나에게 내가 이해하는 비폭력으로 산다는 것은 가족, 이웃, 친구들과 공동체에서 지레짐작하지 않으면서 솔직하게 그 순간의 내 진실을 말하고, 상대의 말과 행동 뒤의 아름다움을 가슴의 눈과 귀로 보고 듣고, 내가 선택하는 것이 다른 사람에게도 도움이 되는지 다시 생각해 보는 것이다. 사랑은 행동이고 나 자신을 포함해서 최선을 다해 많은 사람을 사랑하려고 노력하는 것이다. 그렇게 살려면 항상 크고 작은 도움이 필요하다. 이 책의 한 장 한 장이 새롭고 맑은 도움이 된다.

캐서린 한

차례

"오늘날처럼 경이로운 세상에서는 어느 누구도 생각이 다르다는 이유로 배척하지 않는다. 꿈에도 생각지 못한 것들이 속속 모습을 드러내고 불가능하게 여겨졌던 일이 계속해서 가능해지고 있는 요즘이다. 우리는 폭력이라는 분야에서 새로이 밝혀진 믿지 못할 사실에 거듭 놀란다. 그러나 나는 그보다 더 생각지 못한 일들, 불가능해 보이는 발견들이 비폭력의 영역에서 일어나리라고 본다."

-마하트마 간디[1]

---

[1] <Paths to justice. Major Public Policy Issues of Dispute Resolution, Report of the Ad Hoc Panel on Dispute Resolution and Public Policy>, Appendix 2 Washington D.C.: National Institute for Dispute Resolution, October, 1983.

"나는 지난 50년 동안 비폭력과 그 가능성을 과학적인 정교함으로 줄곧 실천해왔다. 나는 집 안팎, 경제, 정치 등 내 삶의 모든 분야에서 비폭력을 적용해왔다…. 비폭력의 확산은 내가 평생에 이루어야 할 사명이다."

-마하트마 간디[1]

　이 책은 비폭력 원칙을 이해하고 실천하는 기초를 제공하며, 일상에서 비폭력을 어떻게 실천해야 할지를 나눈다. 마틴 루터 킹과 마하트마 간디는 사회 정의와 민권 운동을 펼쳤던 비폭력의 선구자이다. 이들은 비폭력이 삶을 사는 하나의 방식이라고 진심으로 믿었다.

　나 역시 비폭력이 단지 일회성 신념이라고 생각하지 않는다. 비폭력은 삶의 방식이다. 그 의미는 하루하루를 살면서 자기 안에 연민, 공감, 평화로운 면을 기르고 타인과 관계 맺을 때 이를 활용한다는 뜻이다. 비폭력을 개인과 인간

관계 차원에서 살펴보는 데 도움이 되는 활동, 즉 명상, 일기 쓰기, 비폭력대화 등을 적극적으로 실천한다는 것을 뜻하기도 한다.

내가 우려하는 점은 사회나 정치적 변화를 위한 활동과 일상생활 사이에 괴리가 많다는 것이다. 나는 사람들이 이 상향을 실현할 능력을 갖추도록 돕고 싶은데, 그 시작은 자신을 단련하는 것이라고 믿는다. 간디에게 이 점은 핵심이었다. 간디가 "내 삶이 곧 내 메시지이다."라고 했을 때 바로 이런 뜻에서 한 말이었을 것이다.[2]

비폭력을 깊이 생각하고, 그것을 삶의 일부로 삼고, 그 결실을 보도록 이 책이 독자에게 도움이 되었으면 한다. 나는 간디와 킹과 여러 이들을 기억하고 그들의 메시지를 나누고자 한다. 비폭력 원칙과 실천을 현대의 삶에 맞게 적용하면서 우리가 변화의 주체가 되었으면 하는 바람이 있기 때문이다. 그게 이 책이 추구하는 바다.

마셜 로젠버그가 창안한 대화 방법인 비폭력대화가 책 전반에 나온다. 로젠버그는 간디가 사용한 '비폭력'이란 용어에서 영감을 얻었다. 우리가 자신과 타인에게 사용하는 말은 우리가 생각하고 인식하는 바를 반영한다. 때로는 우리가 고른 단어가 자신과 타인에게 고통을 주고 상처를 입힐 수 있다. 나는 비폭력을 실천하려면 우리 가슴속 연민의 우물에서 물을 길어 올려야 한다고 믿는다. 그렇게 하면 자연스레 우리가 하는 말과 행동에 연민이 드러난다.

하루에 한 주제씩 읽되 시간을 내어 틈틈이 내용을 곱씹고 제안한 활동을 실천해보기를 추천한다. 어떤 경우에는 하나의 주제를 며칠씩 붙잡고 씨름하고 싶을 수도 있다. 자기만의 속도와 리듬에 맞춰서 읽어 나가기를 바란다. 처음부터 끝까지 쭉 읽어 나가는 것도 한 가지 방법이다. 주요 메시지가 쉽게 눈에 들어오도록 표시해놓거나 메모해두면 몰입하는 데도 도움이 되고 나중에 그 주제로 돌아와서 생각하기도 편하다.

무엇이건 새로운 습관이 삶에 배어드는 데는 시간이 걸린다. 여기 나온 개념이 자리 잡을 때까지 책에 있는 개념으로 계속 돌아올 것을 권한다. 어떤 분야에 집중하고 싶은지 선택하고 자신의 속도에 맞춰 나가자.

비폭력 기간Season for Nonviolence에 맞춰서 읽기 시작해도 좋다. 이 기간과 상관없이 아무 때나 읽어도 된다. 마하트마 간디의 손자인 아룬 간디가 시작한 '비폭력기간'은 비폭력의 효과를 알리기 위한 64일간의 캠페인이다. 1월 30일에 시작해서 4월 4일에 끝나는데 간디의 50번째, 킹 목사의 30

번째 추도식에서 영감을 얻어 시작했다.

국제 행사인 이 캠페인은 간디와 킹을 비롯해 비폭력의 길을 개척한 많은 사람이 꿈꾸는 미래를 기린다.[3]

한번은 비폭력 기간에 내가 깊이 생각한 것을 정리한 것을 모아 내 블로그[www.harmonyoftheheart.com]에 올렸다. 이 책은 그때 적은 것과 내가 여러 해 동안 진행한 교육 과정의 자료가 더해져 완성되었다.

나는 가능한 한 자주 비폭력을 실천하는 것이 중요하다고 믿는다. 비폭력 원칙과 그 실천을 하는 방법을 항상 유념하면 갈등 상황을 뒤바꾸는 데 도움이 될 것이다. 게다가 내면에도 인간관계에도 세상에 벌어지는 상황들을 대하면서도 훨씬 평화를 느낄 것이다. 나는 이를 직접 경험했고 당신도 경험하리라고 믿는다.

---

1   〈하리잔(Harijan)〉 1940년 7월 6일자.(하리잔은 간디가 영어로 펴낸 주간지 이름이다. '신의 아이들'이라는 뜻이며 간디가 불가촉천민을 지칭한 단어이기도 하다-옮긴이)

2   1942년 8월 8일에 뭄바이에서 열린 전인도국민회의위원회 회의.

3   '비폭력 기간'에 관해 다양한 웹사이트가 있다. 다음은 그중 한 곳의 링크다. https://gandhiinstitute.org/season-for-nonviolence/

1장

비폭력

"비폭력은 내키는 대로 입었다 벗을 수 있는 옷이 아니다.
비폭력이 우리 마음속에 머무르게 하고, 우리 존재에서 떼
어낼 수 없는 일부가 되게 해야 한다."

-마하트마 간디[1]

마하트마 간디와 마틴 루터 킹이 몸소 본을 보이며 실천
한 비폭력 원칙은 전 세계 수십억 명에게 영향을 미쳤으며
역사에 남을 여러 사회 변혁을 이끌었다.

비폭력은 '아힘사ahimsa' 원칙에 뿌리를 둔다. 아힘사는
말 그대로 해석하면 자신과 타인을 비롯해 살아 있는 생
물이라면 그 무엇도 해하지 않는다는 뜻이다. 아힘사는 우

리 안에 연민이 흐르는 곳이고, 그럴 때 그곳에 폭력이 있을 자리는 없다.

간디는 '진리와 함께 아힘사를 갖추면 세상이 우러러볼 것이다'고 했다.[2]

간디와 킹을 비롯한 많은 사람이 아힘사와 비폭력의 힘을 직접 보았고 이들은 여러모로 전 세계인의 존경을 받았다. 월터 윙크는 그의 책 〈The Powers that Be〉에 이렇게 적었다. "1989년 한 해에만 13개국에 사는 17억 명, 즉 인류의 32퍼센트에 해당하는 이들이 비폭력 혁명을 경험했다. 중국을 제외한다면 이들은 그 누구도 감히 예상하지 못한 성공을 거두었다. 그리고 루마니아와 구소련 남부였던 지역을 제외하면 시위대는 온전히 평화로운 시위로 혁명을 이루었다. 여기에다가 이번 세기에 비폭력 행동에 영향을 받은 나라를 모두 합치면 그 수가 30억 명에 달한다. 자그마치 인류의 64퍼센트이다!"[3]

비폭력은 오랜 세월 인류와 함께했고 효율적으로 활용되었다. 간디와 킹이 나타난 후에 전략과 전술을 갖춘 완전한 운동으로 발전했다.[4]

윙크는 이런 말도 덧붙인다. "역사를 조금이라도 아는 사람이라면 절대 비폭력이 무용하다고 말하지 못할 것이다."[5]

간디와 킹에게 비폭력은 단지 평화 시위나 운동을 위해 사용된 수단이 아니었다. 그건 삶의 방식이었다. 비폭력은 매일 삶에서 실천해야 하는 것이다.

간디에게 아힘사(비폭력)은 선택받은 소수만이 아니라 모두가 이행하는 의무였다. 모두에게 친절하고 어떤 방식으로든 해를 끼치지 않는 것도 그 의무에 속한다. 이 주제에 관해 평화학을 가르치는 테런스 라인은 다음과 같이 적었다. "간디는 영국의 식민 지배부터 불가촉천민 제도를 허용하는 힌두교까지 그간 곪고 있던 해악에 대항하기 위해 아힘사를 정치적 행동에 필요한 긍정적이고 역동적인 방법으로 변모시켰다. 사실 이 방법은 삶의 모든 분야에 두루 적용할 수 있다."[6]

간디는 비폭력을 실천하는 데는 겸손함이 필요하다고 보았다. 그는 마음속에 악한 생각을 품지 않을 때만이 비폭력이 가능하다고 믿었다. 그렇기에 "이기적이고 자만에 빠진 사람은 비폭력적일 수 없다. 비폭력은 겸손 없이는 불가능하기 때문이다."고 말했다.[7]

여기서 비폭력은 마음의 문제라는 점을 알 수 있다. 비폭력을 실천하는 데는 노력과 연습, 헌신이 필요하다. 이를 실천하려면 상대에게 열린 마음으로 다가가야 한다. 그들을 사랑하는 데 방해가 되는 생각이 떠오르면 바로 깨닫고 그들에게 아무런 해를 끼치지 않으면서 그들의 인간적인 모습을 발견해야 한다.

간디는 아힘사와 진리를 찾으려는 노력인 사티아그라하satyagraha가 긍정적인 힘이며, 그것은 단순한 감정이 아니라 행동으로 나타나는 사랑이라고 여겼다. 이 '영혼의 힘soul force(훗날 마틴 루터 킹이 부른 이름)'은 상황이나 사람을 변화시킬 수 있었다. "간디에게 아힘사는 단순히 힘이 아니라 이를 실천하는 이와 상대편, 그리고 상황까지 모두 바꾸는 새로운 종류의 힘이었다."[8]

킹은 자신의 책 〈사랑의 힘〉에 다음과 같이 적었다. "우리는 가장 격렬한 반대자에게 이렇게 말합니다. 우리에게 고통을 가하는 당신의 능력에 우리는 고통을 견디는 능력으로 맞설 겁니다. 당신의 물리적 힘에 영적인 힘으로 대항할 겁니다. 당신들이 우리에게 함부로 하더라도 우리는 계속해서 당신을 사랑할 겁니다…. 하지만 묵묵히 견디는 힘으로 우리가 당신을 서서히 무력화시킬 것이라는 점만은 아세요. 언젠가 우리는 자유를 쟁취할 겁니다, 하지만 그건 우리를 위해서만이 아닙니다. 우리는 당신의 가슴과 양심에 호소하면서 당신의 마음을 얻을 것이고, 우리가 거둔 승리는 그로써 두 배가 될 겁니다."[9]

그가 말했던 '영혼의 힘'에는 시위자와 그가 마주한 상황뿐 아니라 그에 반대하는 사람마저 변화시킬 능력이 있다. 이렇게 사랑하기 위해서 우리는 세상에 아무런 해를 가하지 않고 타인을 사랑하면서 우리를 설득하려는 사람이나 우리에게 반대하는 사람과 공감할 수 있어야 한다.

'저 사람은 악하다' 같은 도덕주의적 판단이나 상대를 비하하는 생각과 말이 우리 마음에 머물게 해서는 안 된다. 이런 생각과 말은 전쟁과 폭력, 상대에게 힘을 가하는 방식으로 우리를 이끈다. 그러는 대신 우리는 상대가 무슨 욕구를 충족하고자 그렇게 행동하고 입장을 고집하는지 생각하면서 상대의 다른 인간적인 모습을 봐야 한다.

어떤 환경에서든 우리는 정의를 외침으로써 비폭력을 실천할 수 있다. 직장에서든 학교에서든 혹은 집에서든, 개인을 대상으로 하든 단체를 대상으로 하든 우리는 비폭력을 행동으로 옮길 수 있다.

비폭력과 아힘사는 누구에게나 열려 있다. 우리는 이를 일상에 접목할 수 있다. 비폭력을 배워 나가며 일상에서나 갈등을 마주했을 때 아힘사를 실천하는 길을 우리가 걸을 수 있기를 바란다.

1   <Gandhi on Nonviolence>, New York; A New Directions Paperback, 1964.

2   마하트마 간디, 〈위대한 영혼의 스승이 보낸 63통의 편지(The Mind of a Mahatma Gandhi)〉, 지식공작소, 1997.

3   Walter Wink. <The powers that Be: Theology for a New Millennium>. New York; Random House, 1998, 116-117.

4   위의 책 116.

5   위의 책 117.

6   Terrence J. Rynne. <Gandhi & Jesus: The Saving Power of Nonviolence>. New York; Orbis Books, 2008, 35.

7   마하트마 간디, 〈위대한 영혼의 스승이 보낸 63통의 편지〉, 지식공작소, 1997.

8   Terrence J. Rynne. <Gandhi & Jesus: The Saving Power of Nonviolence>. New York; Orbis Books, 2008, 35.

9   마틴 루터 킹, 〈사랑의 힘〉, 예찬사, 1987.

✧

오늘, 이번 주, 이번 달 어떻게 비폭력을 실천할 수 있을까? 할 수 있는 구체적인 일이 있을까?

2장

상대의 장점 보기

*내가 주면 상대도 주는 사람이 된다. 그래서 두 사람은 각
자의 삶에서 가져온 것을 기쁜 마음으로 함께 나눈다. 주는
행위에서 나의 생동감이 표현된다.*

-마셜 로젠버그

마틴 루터 킹에 관한 여러 이야기를 듣다 보면 그의 꿈
이 무엇이었는지 다시 떠올려보게 된다. 그중 한 이야기는
타인에게서 좋은 면을 보도록 한 번 더 나를 일깨워주었다.

그 이야기는 킹이 팀원들과 회의를 하던 어느 날 존 F. 케
네디 대통령의 동생인 바비 케네디가 막 법무부 장관이 되
었다는 소식을 들었을 때다. 그 자리에 있던 민권운동 지도

자들은 수심에 빠졌다.

당시 민권운동 지도자였던 해리 벨라폰테 Harry Belafonte 는 바비 케네디를 가리켜 '민권운동에 관심이 없기로 유명하다'며 이렇게도 말했다. "우리가 곤경에 빠졌다는 사실을 알았다. 우리는 풀이 죽었고 절망에 빠진 채 이번의 사태 전환에 탄식하며 킹에게 불평을 토로했다. 그러자 킹 목사가 책상을 손으로 탁 내려치며 '불평' 좀 그만하라고 부탁했다. '그쯤 하면 충분한 것 같군요. 바비 케네디의 장점을 이야기해주실 분은 없습니까?' 우리는 이렇게 대답했다. '마틴, 안 그래도 지금 자네에게 하려던 이야기가 바로 그거야! 그럴 사람이 없지. 장점이라 할 만한 게 없거든. 그 자는 아일랜드계 가톨릭교인인 데다 보수라니까. 정말 골치 아프게 됐어.'"[1]

부정적 이미지 넘어서기

살면서 누군가에게 이러한 감정을 느낀 적이 있을 것이다. 누군가가 골칫거리고 좋은 점은 눈을 씻고 찾아봐도 없다는 생각을 해보았을 것이다. 그러나 이런 식으로 생각하는 한 우리는 변화를 불러오거나 평화를 이뤄낼 수 없다.

킹은 상대가 누구든 그 사람을 공들일 가치가 있는 존재로 보는 게 중요하다는 점을 이해했다. 그리고 부정적 이미지를 만들어내는 건 평화라는 목표를 향해 나아가는 데 방해가 되리라는 사실도 알았다.

킹이 한 말은 바비 케네디에 대해 한마디씩 했던 팀원들에게 충격적이었다. "그렇군요. 이번 회의는 이걸로 마칩시다. 누군가 바비 케네디에 대해 한 가지라도 좋은 말을 할수 있을 때 회의를 다시 하도록 하죠. 여러분, 그게 우리가이끄는 운동이 거쳐 가야 할 관문이니까요."[2]

변화에 길 터주기

케네디에게 영향을 줄 방법은 그에게서 한 가지라도 좋은 점을 찾아내는 방법뿐이라고 킹은 믿었다. 그 한 가지 방법만이 그들이 바라는 변화를 이룰 수 있게 길을 터줄수 있었다.

이런 모든 과정에서 바비 케네디가 교구 주교와 친밀한 사이라는 것을 알아냈다. 팀은 주교와 협력했고 이 방식이 성공적이었기에 벨라폰테도 나중에 인정했다. "민권운동에 바비 케네디보다 훌륭한 친구는 없었습니다. 우리가 이룬 진전은 다른 누구보다도 그 사람 덕분이었습니다."[3]

　한 가지라도 좋은 점을 상대에게서 찾다 보면 그들의 잠재력과 아름다움도 볼 수 있다. 못됐다거나 악하다는 꼬리표, 부정적 이미지에 얽매이는 대신 그들이 지닌 인간미를 볼 수 있다. 상대가 지닌 긍정의 특징을 봄으로써 우리는 평화와 협력을 향해 나아가는 발걸음을 내디딜 수 있다. 이건 내가 킹에게서 배운 여러 교훈 중 하나다. 이 일화를 읽고 나서 부정의 꼬리표에 감추어진 타인의 참모습을 보고 그들의 잠재력을 알아차리고자 하는 마음이 당신에게도 일었으면 한다.

1　해리 벨라폰테의 말로 아일랜드 록밴드 U2의 보컬인 보노에게 이 이야기를 했다. 다음 책을 참고하라. Michka Assayas, <Bono: In Conversations with Michka Assayas>. 2005, 86.

2　위의 책에서 덧붙임.

3　위의 책 87.

Practice

사이좋게 지내기 힘든 사람을 떠올려본다. 그 사람이 가지고 있는,

삶을 풍요롭게 하고 협력과 평화로 이끄는 면을 한가지 이상 떠올

려본다.

받아들이기

"타인과 그들의 모습, 행동, 신념을 받아들이면 분노와 분개 대신 평화와 고요함이 마음속에 찾아든다."

-작자 미상

타인을 우리 마음대로 조종할 수 없다는 점을 이해하면 상황을 필요 이상으로 심각하게 받아들이지도, 비현실적인 기대에 빠져들지도 않는다. 분노하거나 마음 아파하면서 상대를 조종하려고 괜한 에너지를 쏟는 데서 해방되기 때문이다.

이 깨달음은 내면 깊숙이 영향을 주어 타인을 있는 그대로 받아들이게 해준다. 이렇게 될 때 우리는 삶에서 우리가 바꿀 수 있는 유일한 대상, 즉 자신과 자신의 반응 방식을 바꾸는 데 집중할 수 있다. 세상을 어떻게 살아나갈지, 맞닥뜨린 상황에 어떻게 대처할지에 신경을 쏟을 수 있다.

이렇게 하다 보면 모두가 자기가 가진 자원으로 나름대로 최선을 다하고 있다는 사실을 이해하게 된다. 국제 평화 단체인 비폭력대화센터의 설립자이자 교육을 총괄하는 마셜 로젠버그는 인간이 하는 모든 일이 욕구를 충족하기 위함이고, 인간이라면 누구나 욕구를 지니고 있다고 말한다. 상대가 부적절하게 행동한다면 그들이 딱히 우리를 염두에 두어서가 아니라 그들 삶에서 채워지지 않은 욕구를 충족하고자 그렇게 한다는 뜻이다.

이 점을 깨닫는다면 더는 자기가 비난받았다고 여기거나 방어적인 태세를 취할 필요가 없다. 그들의 행동이 우리를 겨냥한 게 아니라 그들이 겪는 고통에서 비롯되었다는 점을 이해하기 때문이다. 그곳이 현재 그들이 거쳐 가는 지점이다. 우리는 그들이 변화를 향한 길 위에 있으며, 우리가 간절히 바라는 것을 언젠가 그들이 이해할 수 있으리라는 점을 받아들인다. 성장은 일련의 과정이며 그들이 그 과정에 있다는 사실을 우리는 받아들인다. 이런 식으로 우리는 다른 관점과 신념, 방식을 비롯해 온갖 종류의 다름과 더불어 지낼 수 있다.

상대가 자신의 눈에 들지 않는 행동을 할 때 우리는 거들먹거리며 부정적 이미지를 가지는 대신 그들의 감정과 그들이 중요하게 여기는 것에 공감해줄 수 있다. "그 사람은 어떤 감정이지? 뭘 필요로 하고 원하지?"라고 자문해보는 것이다.

공감한다는 것은 욕구를 충족하기 위해 그들이 선택한 방법에도 찬성해야 한다는 뜻은 아니다. 상대의 행동을 수긍할 필요는 없다. 우리는 그들의 행동에 반대할 수도 있고, 그들이 부당한 행동을 했을 경우에는 강경한 태도를 취할 수도 있다. 하지만 우리는 그것이 그들이 현재 성장하며 거쳐 가는 지점이라는 사실을 받아들이는 동시에 앞으로는 그들도 자신의 행동이 미치는 영향을 고민할 것이며, 자신을 포함해 모두의 욕구를 충족할 수 있는 다른 방법이 있다는 점을 이해할 것이다.

타인을 있는 그대로 받아들이면 그들을 있는 모습 그대

로 사랑할 수 있다. 그들이 하는 행동마저 좋아할 필요는 없지만 그들의 욕구에 공감하고 그들을 위해 기도할 수 있다. 킹과 간디는 모두 자신의 삶을 통해 이를 보여주었다.

차이를 받아들이기

타인을 받아들인다는 건 그들이 지닌 차이를 받아들인다는 뜻이기도 하다. 이 세상에는 뾰족 머리를 한 사람도 레게 머리를 한 사람도 있고, 문신이 있거나 다른 생활 방식 또는 관점을 지닌 사람도 있다. 그들 모두 신성한 에너지로 만들어졌기에 특별하다. 한 명 한 명이 모두 중요하며, 이들은 모두 인류가 다양하고 풍부해지는 데 기여한다.

개개인은 모두 다르며 그들 모두에게는 자기만의 방식이 있다. 설령 우리의 방향과 현저히 다를지라도 우리는 다른 사람이 가기로 선택한 길을 존중해줄 수 있다. 선을 긋는 대신 다양성을 축하할 수 있다. 우리는 개개인이 유일무이하다는 사실을 이해함으로써 인간이 지닌 아름다움을 본다.

Practice

자신을 힘들게 했던 사람을 떠올린 뒤 그들을 있는 그대로 받아들여

보자. 무슨 생각이 드는가? 무엇이 그들을 받아들이지 못하게 막는

가? 그들의 행동이나 처신이 아니라 그들이 삶에서 현재 거쳐 가는

지점만 받아들이면 된다는 점을 기억하자. 그들의 욕구가 무엇일지

상상할 수 있는가? 욕구 목록이 실린 부록 C를 참고하라.

4장

관대함

"영적 전사가 따르는 규율은 관대함이다. 삶의 모든 영역에서 관대함이 빛을 발하면 비폭력과 평화가 이룩된다."

-라다 사하르Radha Sahar[1]

온화한 관대함이라는 덕목을 실천할 때 우리는 자신과 타인을 온전히 돌볼 수 있다. 자신을 돌보는 일은 매우 중요하다. 쭉정이처럼 고갈되어 버리고 나면 베풀래야 베풀 수 없다. 시간을 내어 자기 욕구에 따뜻하게 관심을 기울이고 활기를 되찾으면 내면에 평화가 깃들고 세상에 기여하고 싶은 욕구가 자연스레 뒤따른다.

왠지 기분이 좋지 않다면 문제가 되는 불쾌한 감정의 정체가 무엇인지 찾아보자. 감정은 언제나 충족되거나 충족되지 않은 욕구와 관련이 있다. 어떤 욕구가 충족되지 않았는지 알아낼 수 있다면 그 욕구를 충족하고 행복을 되찾기 위해 무엇을 할 수 있을지 방법을 찾아냄으로써 해결할 수 있다.

더 나은 이야기 살찌우기

자신을 돌볼 때 우리는 더 나은 이야기를 써낼 수 있다. 자신을 대하는 방식은 타인을 대하는 방식에 반영된다. 우리는 자신에게 따뜻한 목소리로 말을 건네는가? 자신의 정서적, 신체적 안전을 소중히 여기는가? 삶에서 재미와 놀이에 가치를 두는가?

자신을 소중히 여기지 않으면 상대가 우리를 괴롭혀도 내버려두게 된다. 반면 자신을 사랑하고 적절한 선을 그을 줄 알면 상대도 사랑하는 법을 익힌다. 우리가 그은 경계선에 균형이 잡혀서 자신과 상대의 삶을 풍요롭게 한다면 우리에게는 사랑과 도움을 나누어줄 여력이 생긴다. 그렇게 우리는 상대에게 나누어줌으로써 기쁨을 느낀다.

자기를 제대로 인식하고 소중히 여기는 데서 어느 누구도 해치지 않으면서 세상을 풍요롭게 만들고 싶은 갈망이 흘러나온다. 관대함은 갈등이 생길 때 자제력을 발휘할 의지력을 끌어내준다. 자신을 이미 용서했기에 우리는 상대도 용서할 수 있다. 관대함은 통제력을 내려놓고 평화를 실천하도록 만든다. 관대함이란 분별력을 발휘하고, 따스한 손을 내밀며, 부드럽게 말하고, 호의적으로 생각하는 것이다. 아힘사에 다정함을 더하면 우리는 진정으로 비폭력의 삶을 살게 된다.

1   Virtues Project International, Virtues Project cards, 2006.

오늘이나 이번 주에 관대함을 실천할 수 있는 활동을 해보자. 시간을 내서 온전히 자기만의 시간을 가져보자. 그렇게 하고 나면 어떤 기분이 드는지 곰곰이 생각하고, 이를 바탕으로 매주 자신의 영혼을 따뜻하게 하는 활동을 지속해보자.

5장

세상에 도움되기

우리가 세상을 어떤 모습으로 상상하느냐에 따라 우리의
언어 습관이 달라진다.

-닐 포스트만

마셜 로젠버그가 선과 악을 설명한 방식은 선과 악이라
는 인식 체계 너머를 보게 도와준다.

워크숍에서 로젠버그는 세상에 도움이 되는 것은 '선'이
고, 도움이 되지 않는 것은 '악'으로 본다는 그의 관점을 공
유했다. 우리는 흔히 세상을 선과 악으로 나눠 보면서 사람
도 선과 악으로 구분한다. 그렇게 함으로써 타인을 적으로

만든다. 하지만 선과 악을 로젠버그처럼 바라보면 타인을 평가하는 대신 그 사람의 행동이 세상을 풍요롭게 하는지 그렇지 않은지를 보게 된다.

어떤 사람을 나쁘고 악하다고 보는 순간 우리는 무의식적으로 그들을 적이나 괴물, 쓰레기로 간주한다. 이런 생각은 분노를 일으킬 뿐 변화를 가져오거나 상대와 관계를 맺도록 이끌지 못한다. 또한 이런 생각은 우리가 방어적이거나 공격적인 태도를 취하게 만든다. 나는 여러 영적 스승이 '판단하지 마라'고 한 이유가 이 때문이라고 본다.

우리는 편을 가르는 대신 자신과 상대가 현재 세상에 도움이 되고 있는지 가늠해볼 수 있다. 그리고 세상에 도움이 되는 일을 하게끔 자신과 상대에게 방안을 제시할 수 있다. 이런 방식으로 세상을 바라보기 시작하면서 나는 내가 하는 행동과 내 삶이 세상을 풍요롭게 하는지 생각하게 되었다. 매일, 매 순간 우리는 이렇게 자문할 수 있다. 내 행동이 어떤 면에서 세상을 더 좋게 만들고 있을까? 내가 한 행동이 혹시라도 해를 불러온 건 아닐까? 충족되고 있는 욕구는 무엇일까? 충족될 수 있었으나 그렇지 못한 욕구가 있을까?

자신의 가치관이나 기대에 못 미치는 행동을 했어도 자

신이 어리석거나 나쁘다고 판단할 필요는 없다. 그 대신 욕구를 충족하거나 가치관을 따르지 못한 것을 마음 아파하고 그 경험을 통해 배운 뒤 앞으로 나아가면 된다. 진정 문제가 되는 건 '난 정말이지 끔찍해.' 같은 비난의 말을 자신에게 할 때다. 비난의 말은 자신에게 수치심을 줄 뿐만 아니라 폭력이라는 악순환의 일부가 되어 자신과 타인에게 상처를 입히는 행동이 나오기도 한다.

우리는 또한 학교나 교회, 기업 등의 단체가 세상에 도움이 되는지를 짐작해볼 수 있다. 워크숍에서 로젠버그는 올바른 동기를 가지고 경제 활동을 할 때 다음과 같이 행동하라고 말한다. "우리가 만든 제품이 세상에 도움이 되는지 관심을 기울여야 합니다. 우리가 가진 동기가 돈을 벌고자 함이 아니라 세상에 도움이 되기 위함이어야 합니다." 그리고 덧붙였다. "절대로 돈을 위해서 무언가를 하지 마십시오. 돈은 의미를 찾으려는 욕구를 충족하는데 필요한 수단으로써 구하십시오."

세상에 도움이 되는 일을 할 때의 목적은 평화와 조화다. 맥스 루케이도는 자신의 책 〈천국에서의 갈채〉에서 이렇게 말한다. "다른 누구도 아닌 당신만이 할 수 있는 일이 있습니다. 어쩌면 그건 자녀를 양육하는 일이거나 집을 짓는 일, 또는 실의에 빠진 사람의 기운을 북돋아주는 일일 수 있지요. 당신만이 할 수 있는 일이 있고, 당신이 살아 있는 한 그런 일을 할 수 있습니다. 당신에게는 삶이라 부르는 멋진 오케스트라를 지휘하는 데에 필요한 악기와 노래가 있습니다. 신성한 에너지를 위해서라도 이 둘을 가지고 멋들어지게 연주해야 할 의무가 있지요."[1]

세상은 우리 각자가 자신의 재능과 그것을 표현할 수 있는 능력을 찾아내기를 바란다. 그리고 단지 발견만 하는 게 아니라 사회에 도움이 되기를 기대하며 기다린다. 살면서 힘겨웠던 경험은 누군가를 돕는데 유용한 배움과 지혜를 주곤 한다. 당신의 습관과 고민거리, 삶의 양식이 이 세상에 보탬이 되지 않고 있다면 버릴 힘을 얻기를 바란다. 그리고 당신이 연민의 삶을 살고, 받은 것 중 일부는 타인에게 되돌려주는 것을 새로운 삶의 방식으로 삼기를 기원한다.

1   맥스 루케이도(Max Lucado), 〈천국에서의 갈채(In Applause of Heaven)〉, 소망사, 1988.

✧

오늘은 자신이 세상에 어떤 식으로 도움이 되고 있는지 생각해보자.

세상에 도움이 되지 않고 있다면 어떤 점을 달리해야 할까?

6장

공감

"공감 능력을 길러서 상대의 입장에서 생각하고 그들의 눈으로 세상을 바라보라. 공감이라는 특성이 세상을 바꾼다."

-버락 오바마[1]

마셜 로젠버그는 '다른 사람이 경험하는 것을 존중하며 이해하는 것이 공감'이라고 말한다.[2]

2006년에 글로벌 빌리지 재단Global Village Foundation에서 수여하는 평화의 가교상Bridge of Peace Award을 받았고, 분쟁 해결에 힘쓰며 세계 곳곳을 다녔던 로젠버그는 말한다. "우리는 보통 공감하는 대신 상대에게 조언하거나 위안의 말을 하려고 하고, 자신의 생각과 감정을 말하고 싶은 강한 충동을 느낍니다." 그리고 다음과 같이 덧붙인다. "그러나 공감하려면 마음을 비우고 온 정신과 마음을 다해 상대의 말을 들어야 합니다."[3]

현존

누구에게 공감한다는 말은 그 사람의 경험과 온전히 함께한다는 뜻이다. 판단하는 대신 그 사람의 감정과 욕구에 주의를 기울이면 마음이 한결 열리고, 서로 연결되어 있음을 깨닫는다. 반면 판단과 생각에 주의가 모이면 마음이 닫히고 벽이 선다. 이럴 때 우리는 삶을 나은 방향으로 이끌어줄 방법을 찾으려고 함께 머리를 맞대기보다 누가 옳고 그른지 따지는 데 치중한다. 그러면 상대와 관계를 돈독히 하거나 자신의 행복감을 키우기보다는 정반대의 결과를 얻을 가능성이 높다. 비난에 집중하면 모두가 잃는다.

현존한다는 건 그 순간에 그 사람과 함께 있다는 뜻이다. 그때 여유를 가지면 우리는 상대에게 공감하기로, 즉 상대가 그 순간 느끼고 간절히 바라는 것을 추측하는 데 온 신경을 기울일 수 있다.

느긋한 현존

샌프란시스코에 있는 베이 에어리어 비폭력대화BayNVC 의 공동 설립자인 미키 캐슈턴Miki Kashtan은 워크숍에서 이렇게 말했다. "괴로워하는 사람과 함께 있는데 그에게 도움이 되려면 느긋하게 현존하는 상태로 있어야 합니다. 누군가를 위하는 마음이 생기면 그에게 가장 도움이 되는 걸 주고 싶지요. 그것은 바로 느긋한 현존으로 함께 있는 것이지요."

이를 실천하는 데 도움이 되는 조언으로 캐슈턴은 상황이나 사람을 바로잡아야 한다는 생각을 내려놓고, 결과에 연연하지 않으면서 상대와 그 순간에 그저 함께 있으라고 제안한다. 나는 이 점을 깨닫고서 상대가 속상해할 때 그저 그와 함께 앉아 있는다.

방과후 활동에 참여한 한 아이가 나를 찾아온 일이 있었다. 친구가 한 말에 마음이 상해서 그 아이는 울고 있었다. 당시 그저 그 자리에 온전히 앉아서 아이의 말을 들었던 기억이 난다. 몇 분 뒤 아이는 기분이 나아졌는지 다시 친구와 놀려고 달려 나갔다. 이 경우에 아이에게 필요한 건 그게 다였다.

공감은 동정이나 동조와 다르다는 점을 알 수 있다. 동정과 동조는 상대의 경험을 듣고서 내 경험을 돌아볼 때 드는 느낌이다.

또한 동정과 동조는 상대나 상대의 경험을 이해하려 하거나 판단하려 할 때 느끼는 감정이다. '어머, 안됐다', '그 말을 들으니 마음이 아프구나'라고 말하는 것처럼 상대의 경험에 공감한다기보다는 자신의 감정을 표현하려는 시도도 이 범주에 속한다고 할 수 있다. 하지만 공감은 그와 달리 상대가 그 순간 느끼는 감정과 욕구에 연결되는 것을 의미한다.

공감과 동일시

공감은 과거에 자신이 겪었던 비슷한 상황을 떠올리며 상대가 자신과 같은 감정을 느끼고 있다고 미루어 짐작하는 것과 다르다. 공감은 자신에게 주의를 돌리는 것이 아니다. 상대가 말하는 내용을 자기 경험과 동일시하거나 동질감을 느끼면 그들 안에 무슨 일이 벌어지고 있는지 추측하는 데 도움이 되는 건 사실이다. 하지만 이렇게 할 때는 상대에게 벌어지는 일에 계속해서 집중해야 한다.

그런 한편 동일시하고 있을 때는 자기 감정에 집중하고 있는 상태이기 때문에 오히려 제대로 이해가 안 될 수도 있다.

비폭력대화

로젠버그는 비폭력대화에서 말하는 공감이 무엇인지 설명한다. "비폭력대화에서는 상대가 어떤 말로 자신을 표현하든 그저 그 사람이 무엇을 관찰하고 느끼며, 무슨 욕구가 있고, 어떤 부탁을 하는지를 듣습니다. 그런 뒤에는 우리가 이해한 내용을 되풀이해서 말해줍니다. 우리는 해결책을 제시하거나 안심시켜 주기에 앞서 끝까지 공감하면서 상대에게 온전히 자신을 표현할 기회를 누리게 해주어야 합니다."[4]

공감은 우리가 상대에게 줄 수 있는 최고의 선물이다. 지적과 비교, 비난, 조언을 담은 말과 달리 공감은 놀라울 정도로 생기를 북돋아준다. 공동체에 변화를 가져올 수 있는 가장 중요한 방법은 바로 이렇게 듣기와 공감이다.

1   매사추세츠 대학 애머스트 캠퍼스에서 2006년 6월 2일에 있었던 졸업식 연설.

2   마셜 로젠버그, 〈비폭력대화〉, 한국NVC출판사, 2017.

3   위의 책.

4   위의 책.

✧

누군가에게 공감하며 온전히 현존하는 연습을 해보자.

7장

용서

"우리가 찾는 것을 발견할 가능성이 있는 곳에 의식의 빛을 비추자."

-마셜 로젠버그

　우리는 대개 상대가 우리를 용서해주기를 바라면서도 자신이나 상대를 용서하지 못한다. 상대를 용서하기 어려운 이유로는 여러 가지가 있다. 그 가운데 하나는 상대를 용서하면 상대의 행동에 문제가 없었다고 받아들이는 모양새가 되리라는 생각이 들기 때문이다. 아니면 복수하기를 원하거나 상대가 한 일에 대가를 치르게 되기를 바라기 때문에 용서를 꺼릴 수도 있다.

어쩌면 용서란 화해이며 다시 상처 입게 될 가능성이 있다고 생각할 수도 있다. 그러나 이런 생각들은 하나도 맞지 않다.

용서는 단순히 상대에게 느끼는 분함을 훌훌 털어내는 행위다. 상대를 용서하는 일은 우리에게 득이 된다. 상대에게 느끼는 분함을 털어낼 때 우리는 고통에서 벗어나 홀가분해지고, 그 상황에서 우리를 붙들어 매고 있던 상대에게서 자유로워진다. 용서하지 않으면 자신이 고통을 받는다. 분한 감정은 우리의 건강과 마음 상태, 상대를 대하는 방식에 영향을 주고 영혼을 혼란스럽게 만든다.

항상 그런 건 아니지만 용서는 우리가 그러기로 마음먹는다면 화해의 문을 열어주고 우정을 회복시키기도 한다. 또한 용서는 복수나 처벌을 할 때 그 후에 생기는 문제에서 자신과 상대 모두 휘말리지 않게 해준다.

용서에는 다섯 단계가 있다. 이 단계를 따른다면 우리는 분한 감정을 떨쳐낼 수 있을 뿐 아니라 우리에게 고통을 준 사람을 공감할 수 있게 된다는 점을 깨달을 수 있다. 다음의 단계는 순서대로 따르지 않아도 된다. 이 5단계를 유연하게 사용해보자.

1단계

첫 번째 단계는 과거를 바꿀 수 없으며 상대를 바꿀 수도 없다는 사실을 받아들이는 것이다. 우리는 몇 시간이고 과거를 반추하며 '만약 이랬다면 어땠을까?' 하고 자신에게 묻거나 '그때 이랬더라면' 하고 후회한다. 이런 식의 표현은 과거의 괴로웠던 경험을 다시 떠올리게 하고 바꿀 수 없는 일에 신경을 쏟게 한다. 상대를 바꿀 수 없다는 점을 이해하는 것도 매우 중요하다. 상대를 변화시킬 수 없고 그들이 절대 바뀌지 않을지도 모른다는 사실을 받아들이는 것이 곧 자신을 위한 길이다.

2단계

두 번째 단계는 상대의 행동이 우리에게 어떤 방식으로 영향을 주었는지 이해하는 것이다. 이 단계에는 우리 머릿속에 적으로 각인된 그들의 이미지를 확 바꿔놓는 일이 포함된다. 이제껏 우리는 자신과 타인, 세상에 대해 그릇된 판단을 해왔는지 모른다. 왜냐하면 충격적인 일이 벌어지면 우리 마음이 벌어진 일을 이해하고자 시도하면서 그 일의 의미를 해석하려 들기 때문이다. 가령 학대당한 사람이 학대의 이유를 자신에게서 찾는 경우가 있다. 이들은 사랑받을 자격이 없다고 자책하며 남은 생애 동안 그렇게 믿고 살아간다. 이 점을 유의해야 한다. 우리에게 고통을 준 사람은 무슨 일이 일어났고 왜 그 일이 벌어졌는지에 우리가 내놓은 해석이 아니라 그들이 한 행동에만 책임이 있다는 사실이다.

우리는 상대가 한 행동이 미친 영향을 이해하는 과정에서 우리에게 고통을 유발한 상대를 판단하고 있음을 깨닫게 된다. 이렇게 판단하다 보면 분노라는 수렁에 빠질 뿐 상대의 인간적인 모습과는 멀어지기에 결국에는 더 깊은 고통에 시달린다. 이런 식의 판단은 마음의 문을 닫게 하고 결국 연민으로 충만한 삶과 우리 사이를 가로막는다.

상대가 잔인하고 끔찍한 데다가 원수라고 계속 여기는 한 그들을 용서하거나 그들과 공감할 수 없다. 이 단계에서는 상대를 적으로 보는 관점을 바꾸는 것이 중요하다.

3단계

자신에게 벌어진 일의 영향을 의식할 때 우리는 비로소

충족되지 않은 우리 안의 욕구가 무엇인지 탐색할 수 있다. 이 단계에서 우리는 충족되지 않은 욕구를 슬퍼하고 애석해할 수 있다. 그 지점에서 앞으로 나아가 충족되지 않은 욕구를 돌볼 수 있는 방법을 찾아보자. 치유는 욕구에 부응할 힘을 내면에서 찾아낼 때 일어난다.

폭력을 휘둘러서 유죄 선고를 받은 적이 있는 사람을 대상으로 하는 비폭력 프로그램에 온 한 내담자의 이야기이다. 그는 어린 시절 아버지가 자기와 어머니를 때리며 학대했다는 이야기를 들려주었다. 그는 안전하고 보호받는 환경에서 신뢰와 이해, 관심을 받고 싶어 했다는 점을 깨달았다. 그는 수강생들과 함께 이 욕구가 충족되지 않은 것을 마음 아파했는데, 현재의 삶에서 자신의 욕구에 이름을 붙이며 이 욕구들을 돌볼 방법을 탐색하는 데서 큰 위안을 얻었다. 마침내 그는 신념과 방법을 바꾸면서 동시에 자신과 가족에게 안전하고 안심되고 보호받는 환경을 만들어 이해와 관심을 주면서 자신이 치유되는 것을 느꼈고 가정 폭력의 악순환을 끊어낼 수 있었다.

자신에게 벌어진 일을 제대로 이해하고 받아들이면 자신과 상대에게 훨씬 공감하기가 쉽다. 상대가 당시 무엇을 느꼈고 어떤 욕구가 있었는지 상상해보기 시작하는 것이다. 그러면 호기심이 생기면서 우리에게 고통을 준 상대를 이해하고, 그들이 그랬던 이유를 파악하게 되면서 그들도 고통을 겪었을지도 모른다는 점을 깨닫는 데 주의를 기울인다. 이 부분이 핵심이다. 상대와 이런 방식으로 공감할 때 비로소 그들을 용서할 수 있기 때문이다.

4단계

상대를 공감할 때 그들을 연민으로 볼 수 있는 길이 열린다. 그 사람이 무엇을 느끼고 어떤 욕구가 있는지 신경 쓰면 마음이 누그러진다. 이것이 네 번째 단계다. 이 단계에 이르면 상대를 가엽게 여길 수도 있고, 상대가 자기 욕구를 충족할 더 나은 방법을 몰랐다는 사실에 깊은 슬픔을 느낄지도 모른다. 그리고 우리는 상대와 함께 고통을 나눈다. 어쩌면 마음이 움직여서 상대를 도와주고 싶어 할지도 모른다. 이 단계를 마치면 상대가 잘되기를 바랄 수도 있다.

5단계

다섯 번째이자 마지막으로 중요한 단계는 1단계부터 4단계까지의 경험을 하고 나서 자신에게 변화가 생겼다는 사실에 감사하는 것이다. 이 단계에서 우리는 시련을 겪은 결과 자신이 더욱 강해졌으며 우리에게 고통을 불러일으킨 상대와 자신을 한층 깊이 이해했다는 점을 깨닫는다. 어쩌면 자신과 비슷한 상황에 놓인 사람을 돕고 싶다는 열망이 생겨날지도 모른다. 이제 우리는 우리에게 고통을 안긴 일이 일어난 이유를 이해할 수 있다. 그 결과 삶에서 새로운 목적 의식을 가질 수도 있다. 우리는 새로이 얻은 이해심과 성숙함, 자유에 감사할 것이다. 산 정상에 이르러서 눈앞에 펼쳐진 장엄한 광경을 내려다볼 때의 만족감 같은 것처럼 말이다. 그리고 정상까지 오를 수 있었다는 사실에 감사한다.

앞의 단계들을 반복해야 할 때도 있다는 점에 유의하자. 때로 몇몇 단계를 복습하면서 자신이 상대를 용서했다는 사실을 다시금 떠올려야 할지도 모른다. 때로는 분하다는 생각이 고개를 들 수도 있다. 그럴 때는 자유를 다시 찾기 위해 앞의 단계를 다시 밟아 나가면 된다.

Practice

분한 감정을 심어준 상대를 떠올리며 위의 단계를 밟아 나가고 분한 감정에서 해방되는 경험을 해보자.

감당할 수 있는 작은 사건을 고르는 것이 좋다. 단계를 밟아 나가면서 일어나는 변화에 관심을 기울여보자. 격렬한 분개를 풀어나갈 때는 이 과정 중에 이뤄낸 조그마한 변화나 진전도 잊지 말고 축하하자. 이 과정을 헤쳐 나가기 위해 상담사나 코치, 치료사의 도움을 받아도 된다. 부록 A에 있는 하트 모양에다가 충족하지 못한 자신의 욕구를 적어보자. 그리고 상대가 자기에게 고통을 주는 행동을 했을 때 그들이 충족하고자 했던 욕구가 무엇이었는지 짐작해서 써보자. 자신의 느낌과 욕구를 알기 위해 도움을 받고 싶으면 부록 B와 C에 있는 목록을 활용해도 된다.

8장

마음속 상처 치유하기

"나의 무거운 슬픔과 고통을 내려놓을 수 있기 전에 그들의
존재를 먼저 존중해야 했다."

-융 푸에블로, 〈나는 나를 괴롭히지 않겠다〉[1]

상처가 깊어 마음이 마을 때 그 고통에서 달아나는 길을
선택하는 경우가 많다. 고통을 무시하고 '시간이 지나면 다
해결돼'라고 다독이는 것이 훨씬 쉬운 길로 보이기도 한다.

그러나 시간이 흐르고도 고통이 여전하면 그 상처는 우
리가 미처 깨닫지 못하는 방식으로 우리 삶에 영향을 미친
다. 우리가 못 본 척 넘어간 상처마다 감정이 담긴 불쏘시

개가 되어 상처를 포개놓은 더미 위에 쌓인다. 시간이 지나면서 불쏘시개가 쌓여 산더미처럼 커지고 언제든 커다란 불길로 타오를 수 있는 상태가 된다. 그러다가 긴장된 상황이나 마음을 후벼 파는 말이 여기에 불을 붙이기라도 하면 이 땔감 더미는 활활 타오르며 우리와 주위 사람을 다치게 하는 강렬한 불길로 변한다.

살면서 겪는 상처와 고통을 대하는 방식은 다섯 가지가 있다. 첫 번째 방식은 부정이다. 부정할 때 우리는 고통을 무시하고 그건 존재하지 않는다며 눈 감기를 선택한다. 누군가 내게 '부정denial'이란 단어의 철자는 '내가 거짓말하는 것조차 모른다Don't Even Know I Am Lying'의 첫머리를 딴 것이라고 말한 적이 있다.

부정은 달콤한 유혹일 수 있다. 철학자 드니 디드로Denis Diderot는 말했다. "우리는 입에 발린 거짓말이라면 뭐든 탐욕스레 꿀떡 삼키지만 참된 쓴소리는 마지못해 깨작인다."

우리가 고통을 대하는 두 번째 방식은 다른 사람을 탓하는 것이다. 이렇게 할 때 우리는 땔감 더미에 불쏘시개를 더 얹듯이 분한 감정을 키우면서 자신과 타인 사이에 벽을 쌓는다.

세 번째 방식은 괴로움에 사로잡히는 것이다. 이런 상태를 우울증이라고 한다. 자기가 겪은 고통을 자꾸만 생각하다 보니 그 생각에 매몰되어 버리는 경우다. 그 생각 속에는 자기혐오와 자기비난이 섞여 있을 수 있다.

네 번째 방식은 도피다. 이 길을 선택한 사람은 술과 마약, 섹스, 음식, 도박, 비디오 게임, 쇼핑 등으로 달아난다. 도피는 일시적으로 고통을 잊게 만들지만 그사이 상처는 곪으며 더 커진다.

고통을 대하는 위의 방식은 모두 내면에 불쏘시개가 쌓이게 하며 고통이 삶을 좌지우지하게 만든다. 하지만 고통을 대하는 데는 건전한 다섯 번째 방식도 있다. 그것은 고통이 존재한다고 솔직히 인정하고 우리 안에 존재하는 여전히 쓰라린 아픔, 즉 상처받은 감정과 충족되지 않은 욕구를 서서히 들여다봄으로써 그 안으로 들어가는 것이다.

고통을 마주하고 그 속으로 들어갈 때 우리는 삶을 갉아먹는 것들, 다시 말해 우리가 잠재력을 온전히 발휘하지 못하게 막는 것과 마주한다. 이때 자기를 판단하는 말이나 비난이 이 과정을 방해하기도 한다. 그렇다 하더라도 우리는 앞서 말한 다른 방식으로 고통을 대하는 대신 못 본 척하거나 숨기고 싶은 것을 열린 공간으로, 밝은 빛 아래로 데리고 나오는 길을 선택할 수 있다. 관대함과 연민으로 임

해보자. 이 과정에서 우리는 나쁘거나 무능하다는 식의 자기 평가를 털어내는 방법을 배운다. 우리는 고통을 극복해 나가며 그 경험에서 배우고 있는 한 사람일 뿐이라는 점을 기억하자.

우리가 극복하려 하지 않으면 고통은 계속해서 우리 삶을 병들게 한다. 그건 증오, 분개, 차별, 복수, 이기심, 무례함, 분노 등의 형태로 나타나기도 한다. 우리가 문제를 안고 있다는 사실이 누가 보더라도 분명해진다.

헨리 나우웬은 자신의 책 〈마음에서 들려오는 사랑의 소리〉에 이렇게 적었다. "양극단을 피해야 합니다. 고통에 완전히 사로잡혀도 안 되고, 온갖 것에 정신이 팔린 나머지 치유해야 할 상처에서 멀어져서도 안 되지요."[2]

쉬운 일은 아니다. 자신에게 솔직해지는 건 어렵고 고통스러울 수 있다. 특히나 자기에 대해 도덕주의적 판단을 내리며 자책하도록 교육을 받아온 사람에게는 더욱더 고된 길이다. 이에 반해 이 과정을 모두 건너뛰고 흥밋거리를 좇는 방식은 쉬워 보인다. 하지만 그런 방식은 결국에 가서 우리의 발목을 잡는다. 고통을 덮으려고 비뚤어진 길을 가지 않고 치유로 이끌어주는 길, 우리가 현재 느끼는 감정에 솔직해지고 이런 감정이 어떤 욕구와 연결되어 있는지 발견하는 길을 걷기를 바란다. 결정을 내릴 때는 자신의 욕구와 가치관이 핵심이 되어야 한다. 우리가 가치를 두는 것, 우리에게 중요한 것과 연결될 때 우리는 치유될 수 있다.

자신의 욕구가 무엇인지 깨달아야 그 욕구를 만족할 방법을 찾을 수 있다. 이를 위해 때로는 상대에게 어떤 행동을 부탁할 수도 있고, 어떤 때는 자신에게 무언가를 당부해야 할 수도 있다. 우리 내면에 욕구 충족과 관련된 넓은 영역이 있다는 사실을 깨닫는 것도 중요하다.

고통을 마주하고 극복해 나가면 우리는 부정과 분노, 수치심 같은 어두운 감정이 드리운 그늘에서 벗어날 수 있다. 그럼으로써 찬란한 자유의 빛을 받아 누릴 수 있다.

1   융 푸에블로(Yung Pueblo), 〈나는 나를 괴롭히지 않겠다(Inward)〉, 정신세계사, 2022.

2   헨리 나우웬(Henry Nouwen), 〈마음에서 들려오는 사랑의 소리(The Inner Voice of Love)〉, 바오로딸, 1999.

자기 내면에 아물지 않은 상처가 있는지, 그 상처가 자기 삶에 어떤 영향을 미치고 있는지 곰곰이 생각해보자. 치유를 향한 첫 발걸음을 내딛기 위해 계획을 짜보자. 혼자서 감당하기에는 고통이 너무 심해서 걱정이면 자기를 도와줄 심리 치료사나 NVC 지도자, 현명한 친구 등 믿을 수 있는 사람을 찾아보자.

9장

애도하기

"분노를 꼭 붙잡아 정원을 위한 퇴비로 써라."

-틱낫한, 〈화〉[1]

몇 해 전에 분노와 분개가 머리끝까지 치밀어올라 어쩔 줄 몰랐던 적이 있었다. 이 상태가 이틀 동안 계속되었다. 나는 상대를 판단하는 행위는 분노에 기름을 끼얹을 뿐이라는 사실을 배웠다. 그 점을 알면서도 나는 그 사람을 계속해서 판단했다. 그러면서 내가 마음속에 지어낸 이야기를 더 극적으로 만들었다. 나는 부당함, 무례함, 결례, 자만심, 이기심 같은 개념에 집착했다. 내가 만든 이야기 속에서 그 사람은 이 모든 개념에 꼭 들어맞는 화신이었다.

이런 문제로 괴로운 나머지 불행으로 향하는 내리막길을 걷는 내 모습이 이상하게 느껴졌다. '상담사라는 사람이 어쩌자고 이러는 거지'라는 생각이 들었다.

욕구를 생각하며 애도하기

그때 나는 충족되지 않은 욕구를 생각하며 슬퍼해야 한다는 점을 기억했다. 내 욕구는 충족되지 않았고 그 사람에 의해 충족될 일은 없을 터였다. 그래서 나는 애도했다. 그러면서 이렇게 말했다. "내가 슬픈 이유는 공감과 지지, 배려, 이해를 바라는 내 욕구가 충족되지 않았기 때문이야. 나는 채워지지 않은 이런 욕구들 때문에 슬퍼하고 있고 이 욕구들이 충족되기를 간절히 원해." 나는 이 말을 두어 번 반복했다.

이렇게 하면서 나는 내면에 이는 변화를 느꼈고 안도했다. 나는 현실을 받아들이면서 분한 감정을 떨쳐냈다. 그리고 그 사람이 내 욕구를 충족해줄 수 없다는 사실과 그렇기에 내가 나서서 욕구를 충족할 다른 방법을 찾아야 한다는 사실을 깨달았다. 나는 이 욕구들이 내뿜는 에너지를 잠시 음미하기로 했다. 욕구들에 그리고 욕구가 지닌 아름다움에 연결되기 위해서였다. 그건 오랫동안 보지 못한 친구와 재회하는 기분이었다. 앞에서 했듯이 욕구를 입 밖에 내는 것만으로도 큰 도움이 되었다. 하지만 나는 욕구가 지닌 특성이 얼마나 소중한지 곱씹으며 마음껏 슬퍼하고, 외면에서 욕구가 충족되지 못했음을 애도하면서도 내면에서는 욕구와 연결되기 시작한 달콤하고 쌉싸름한 영역에 머무르면서 현실을 받아들일 수 있었다. 때로는 내가 지닌 욕구와 이런 식으로 연결되는 것만으로도 욕구를 충족하기에 충분하다는 사실을 깨달았다. 이것으로도 충분치 않을 때는 누군가와 함께 위로를 받으며 풀어갈 방법을 찾곤 한다.

위로는 분한 감정을 털어내고, 다른 가능성과 연결되고, 현실을 받아들이는 데서 온다. 그러고 나면 자유롭게 더 나은 꿈을 꿀 수 있다.

우리가 분한 감정을 느끼는 이유는 우리에게 중요한 것(욕구나 가치)이 있고 우리가 그것을 특정한 방식으로 경험하는 데 집착을 느끼기 때문이다. 원래 방식을 내려놓고 욕구의 소리에 귀를 기울이면 때로는 분한 감정이 사그라들고 애도의 감정이 차오른다. 애도할 시간을 충분히 가지고 슬퍼하고 그 이면에 감추어진 소중한 욕구에 조금씩 다가 가다 보면 우리는 변화하고 위로받을 것이다.

욕구가 충족되지 않은 것을 슬퍼하고 바꾸지 못할 일을 마음속에서 털어낼 때 우리는 영혼에 새로운 생동감을 불어넣는다. 마셜 로젠버그는 '욕구는 삶을 추구하는 표현이다'고 말하며 이 진리를 잘 요약해냈다.

애도함으로써 이런 일이 가능해진다.

자기 욕구에 책임지기

그 사람이 내 욕구를 충족시켜 주리라는 집착을 내려놓으면서 나는 내 욕구에 책임을 지는 방식으로 방향을 전환했다. 그리고 나 자신을 공감하기 시작했다. 지지와 배려, 이해, 존중을 받고 싶다는 간절한 바람을 느끼고 인정하는 시간을 가졌다. 충족되지 않은 기대를 내려놓고 마음이 가벼워지니 내 욕구에 부응할 대안을 생각할 여유가 생겼다. 그리고 놀랍게도 이런 욕구를 충족하는 데 다른 사람이 나를 도와줄 수 있다는 사실을 깨달았다. 욕구를 충족하기 위해 내 능력과 창의력을 발휘할 수 있다는 점도 알았다. 지켜야 할 선을 그어놓음으로써 일관성과 예측 가능성의 내 욕구를 충족할 수 있다는 점도 알았다. 해방감과 함께 다양한 가능성이 눈앞에 펼쳐진 기분을 맛보자 경이로웠고 가슴속은 희망으로 가득 찼다.

나는 모두가 삶에서 충족되지 못한 욕구를 생각하며 슬퍼하고, 동시에 이 욕구를 충족할 새로운 방법을 찾아보기를 권한다. 당신도 나처럼 욕구를 돌보는 데는 생각보다 많은 방법이 있다는 사실을 발견할 것이다. 어쩌면 부족과 결핍, 절망으로 가득한 이야기에서 풍족과 희망, 사랑이 넘치는 이야기로 전환할 수 있다는 점을 발견할지도 모른다.

1   틱낫한(Thich Nhat Hanh), 〈화(Anger)〉, 명진출판사, 2013.

무언가 애도할 만한 것이 있는가? 간절히 바라는 것이 있는가? 오늘 시간을 내서 애도하고 거기에서 오는 위안을 느껴본 뒤 새로운 꿈을 꿔보자.

10장

사회 변화

"비범한 꿈을 가진 평범한 사람은 이른바 훌륭하고 필요한
문제를 일으킴으로써 미국의 영혼을 구원한다."

-존 루이스, 미국 연방 하원의원[1]

사회 변화는 나로부터 시작된다. 사회 변화는 세상에 있
는 충족되지 않은 욕구를 보고 깊이 슬퍼함으로써 시작된
다. 모든 사회 변화 운동은 애도에서 시작되었다.

처음에 개인은 분노를 경험한다. 분노는 대개 깊고 쓰라
린 슬픔이 있다는 신호다. 우리는 내면을 들여다보고 여러
사람과 한데 모임으로써 이 슬픔을 발견할 수 있다. 운동이

지속적이고 효과적이려면 폭력으로 받아치기보다는 비폭력으로 대응해야 하며, 분노하기보다 애도해야 한다. 세상에 있는 충족되지 않은 욕구를 보고 슬퍼할 때 우리는 변화를 불러올 동기를 얻는다. 그러고 나서 마주한 문제와 부당함을 바로잡기 위해 구체적 행동에 나서기도 한다. 우리는 우리가 살고 싶은 세상을 만들기 위해 행동한다.

간디는 이렇게 말했다. "우리는 세상을 비추는 거울과 같습니다. 바깥세상에 존재하는 모든 흐름이 우리 안의 세계에서도 발견되지요. 스스로 자신을 바꿀 수 있다면 세상이 흘러가는 방향도 바뀔 것입니다. 자기 본성을 바꾸면 그를 대하는 세상의 태도도 함께 바뀝니다. 바로 신이 내린 최고의 수수께끼지요. 그건 이루 말할 수 없이 경이로운데 우리가 느끼는 행복의 근원입니다. 우리는 다른 이의 행동을 보며 기다릴 필요가 없습니다."[2]

삶에 도움이 되지 않는 무언가를 알아차리고 특정 가치, 가령 정의나 평등, 평화를 실현하고자 하는 열정에 불이 붙을 때 사회 변화가 탄생한다. 변화는 각자가 자신의 가치관대로 사는 데서 시작된다. 그 출발점에서 가지가 뻗어나가며 타인과 협력한다. 신체 건강에 관심이 많다면 건강식을 먹는 데서 시작할 수 있다. 거기에서 출발해서 공동체 텃밭을 가꾸는 모임에 들어가거나 재정 상황이 좋지 않은 사람도 건강한 음식을 쉽게 접할 수 있게 돕는 단체에 가입할 수 있다.

모든 생명이 소중하다고 생각해서 동물 구조에 의미를 둔다면 동물 보호소에서 자원 봉사하거나 동물을 입양할 수 있다. 폭력이 없는 세상을 추구한다면 인간 관계에서 평화와 비폭력을 실천하는 한편 불필요한 폭력을 부르는 경찰의 방침을 개선하거나, 군비 축소와 관련된 정책을 제안하거나, 총기 규제법을 바꾸기 위한 사회 변화 운동에 참여할 수 있다.

캘리포니아 주 베이 에어리어에 있는 비영리단체인 실종 아동연합Vanished Children's Alliance의 설립자는 자기 딸이 납치되고 실종된 뒤 겪은 경험을 다른 이들과 나누었다. 그녀는 자신이 이루 말할 수 없는 슬픔과 고통, 두려움을 경험했으며 아이를 잃은 모든 부모의 마음을 이해한다고 이야기했다. 이런 일을 직접 겪고 나자 그녀는 자기가 거쳐 온 길을 가는 사람을 돕고자 했다. 다행히도 그녀는 딸을 찾아 재결합할 수 있었고, 실종된 아이를 찾는 다른 부모를 돕고자 했다. 그녀는 세상에 있는 충족되어야 할 욕구를 보았고 행동으로 옮겼다.

로젠버그는 다음과 같이 말했다. "사회 변화는 우리가 바라는 세상을 만드는 데 걸림돌이 되는 것에서 우리를 해방하는 일입니다. 우리가 어떤 류의 세상을 원하는지 머릿속에 선명하게 그린 다음 거기에 맞춰 사세요. 삶의 신조로 삼은 영적 가치가 바뀌는 바로 그 순간 우리는 이미 사회 변화를 시작한 것입니다. 물론 당신이 거기서 멈추지 않기를 바랍니다. 하지만 다른 영적 가치를 따라서 살기로 한 이상 그 순간부터 사회 변혁은 시작된다고 봐야 합니다."[3]

1   미국 연방 하원의원이자 민권운동 지도자인 존 루이스(John Lewis)는 2020년 7월 17일 사망했다. 그가 죽기 직전에 쓴 에세이는 그의 장례식 날 〈뉴욕타임스〉에 게재되었다.

2   <The Collected Works of Mahatma Gandhi, Volume 40>, The Publications Division, Ministry of Information and Broadcasting Government of India, April 1913-December 1914, 158.

3   마셜 로젠버그, <The Heart of Social Change: How to Make a Difference in Your World>. Encinitas, Puddle-Dancer Press, 2003, 6.

✧

세상에 존재하는 것 중에서 무엇을 보면 분노가 치밀거나 슬픔이 차오르는가? 단체나 집단 안에서 어떤 힘이 긍정적인 원래 목적과 소명을 잃게 했는지 생각해보자. 변화의 시작을 위해 계획을 짤 때 어떻게 하면 이 정보를 유용하게 활용할 수 있을까?

11장

세상에 유용한 방법

자신이 바라는 세상을 명확히 하고 그런 방식으로 살기를
바란다.

-마셜 로젠버그

나는 우리 안에 있는 무언가가 우리를 가치관에 따라 살
도록 이끈다고 믿는다. 그건 우리 자신의 일부로 우리와 연
민으로 연결되기를 갈망하며 우리를 새로운 삶의 방식으
로 인도한다. 우리 안에 있는 이것은 우리가 잠재력을 온전
히 발휘하기를 간절히 바란다.

어둠이 길을 가리거나 이리저리 휘청일 때 우리는 언제

나 우리의 일부이며 친절하게 우리를 올바른 길로 되돌려 주고 싶어 하는 이것과 연결될 수 있다. 비폭력대화에서는 '기린 귀로 듣기', 즉 생각과 비난 대신 느낌과 욕구에 집 중하는 방법을 통해서 이것에 가닿을 수 있다고 알려준다. 로젠버그는 비폭력대화를 일컬어 '기린 말'이라고 했다. 그 가 이렇게 연관 지은 이유는 기린이 땅 위에 사는 포유류 중 유난히 큰 심장을 지녔기 때문이다. 기린의 심장 크기는 90센티미터쯤 되고 무게는 약 11킬로그램이다. 기린 말이 라고도 불리는 비폭력대화는 자기 감정 및 욕구와 연결되 어 이를 표현하며, 상대의 마음속에 무엇이 있는지 듣는 데 초점을 맞춘다. 비폭력대화에서 '기린 귀'로 내면의 소리 를 듣는다는 건 자신을 비난하지 않고 자기 감정 및 욕구와 함께 있음을 뜻한다. 이런 과정은 치유를 돕는다. 또한 우 리는 기린 귀를 외부로 돌려 상대의 감정과 욕구에 주의를 기울임으로써 그들과 공감할 수 있다. 우리는 마음의 문을 활짝 열어 욕구가 충족되었을 경우 축하하고, 욕구가 충족 되지 않았을 경우 자신과 상대가 느끼는 고통과 함께한다.

과거에 내린 결정을 판단하지 않고 따뜻한 시선으로 살 펴볼 수 있을 때 우리는 자신의 감정, 욕구, 강한 열망과 함 께할 수 있는 안전하고 신성한 공간에 들어선다. 우리는 기린 귀로 귀 기울이고 연민으로 현존함으로써 정서적으로 안전한 공간을 만들어낸다. 이곳에서 우리는 자신을 치유하고 더 나은 삶을 살아갈 방법을 발견한다.

연민으로 신성한 공간에 들어서기

다른 사람의 손을 잡고 앞서 말한 신성한 공간에 들어서면서 그들의 삶이 바뀌도록 도운 이야기라면 자라면서 교회에서 들은 것이 하나 떠오른다. 종교계의 스승들이 간음으로 잡힌 여인을 예수에게로 데려간 이야기였다. 예수는 사랑과 은총, 연민을 보이며 반응했다. 그는 여인을 비난하는 자들의 말을 듣지 못한 듯 몸을 숙이더니 땅에 손가락으로 글씨를 썼다. 이때 몇몇 신학자는 예수가 여인을 비난한 자들이 했던 행동 가운데 그들이 따르는 가치관과 어긋나는 것을 땅에 적었다고 생각한다. 나는 예수가 땅에 무슨 글을 적었든 그 행위를 통해 신성한 공간을 만들어내고 있었다고 본다.

여인을 비난하는 자들이 계속해서 예수에게 그들이 무엇을 해야 할지를 묻자 예수는 이렇게 말했다.

"너희 중에 죄짓지 않은 자가 여자에게 먼저 돌을 던지게 하라."

이들은 하나씩 자리를 떴고 나중에는 여인과 예수만이 남았다. 그러자 예수는 여인에게 물었다.

"여자여, 그대를 비난하던 자들은 다 어디에 있는가? 아무도 그대를 질책하지 않았는가?"

여인은 답했다.

"아무도 그러하지 않았습니다."

그에 예수는 다음과 같이 일렀다.

"나도 그대를 질책하지 않겠다. 가거라. 그리고 앞으로는 죄짓지 말아라."

예수는 '기린 귀'로 들었고 판단하지도 비난하지도 않았다. 여인이 지닌 가능성을 보았고 가능성을 발휘할 수 있는 공간으로 들어오게끔 초대했다. 13세기에 페르시아어로 신비주의 시를 썼던 위대한 시인 루미Rumi는 이렇게 말했다. "옳은 일, 그른 일 저 너머에 있는 들판, 나는 당신을 거기서 만나리."[1] 잘잘못을 따지지 않는 이 공간에 들어설 때만이 우리는 각자의 인간적인 모습을 서로 볼 수 있다.

욕구를 충족하기 위해 제일 나은 방법을 찾다 보니 지금의 선택에 이르렀다는 점을 깨달으면 우리는 공감과 이해의 시선으로 자신을 보게 된다. 그리고 그런 욕구를 지녔던 자신의 일부에게도 너그러워진다. 우리가 한 선택이 상대의 욕구를 충족시키지 못했을 때 슬퍼하고 후회하고 애도하게 된다. 그러고 나면 우리는 우리와 상대의 가치관을 모두 존중할 방법을 찾을 수 있다.

우리가 내린 선택 가운데 비극적이거나 심각한 결과를 가져온 결정도 있을 수 있다. 하지만 핵심은 이런 선택에서 배워야 한다는 점이다. 우리가 선택한 방법이 실패했을 때 그것을 인정하고 자신과 상대의 욕구를 충족해줄 더 효과적인 다른 방법을 찾을 수 있다면 우리는 모두를 배려하고 존중할 수 있다.

세상에 도움이 되는 방법 고르기

우리는 종종 후회되는 선택을 하면 자기가 못됐다거나 자기에게 문제가 많다는 식으로 자신을 판단해 버린다. 우리가 정말로 못된 생각을 했다거나 사고뭉치여서가 아니다. 이런 태도는 건전하지 않을 뿐더러 비극적이기도 하다. 우리가 습득한 이런 방식은 우리에게도 상대에게도 도움이 되지 않는다. 이제는 이런 태도를 버리고 삶을 한결 멋지게 만들어줄 새로운 방법을 찾아 나서야 할 때다. 이 일을 해내면 우리는 다른 세상과 마주한다. 우리 안에 새로운 장소가 생겨나며 그곳에서 우리는 다른 방식으로 삶을 이끌어줄 이정표와 나침반을 발견할 수 있다. 시간이 흐르면서 당신은 그 장소가 익숙하고 편안하다고 느낄 것이다. 비폭력의 삶을 사는 것과 관련해서 세상에 도움이 될 방법 예시를 보고 싶으면 부록 D를 참고하자.

이번 주에는 하고 나서 후회하는 선택을 되돌아보면서 자신에게 공감과 이해를 베풀어 보자. 그러고 나서 자기가 대신 어떤 행동을 했다면 모두의 욕구를 헤아리고 존중하는 결과를 가져왔을지 생각해보자.

"어떻게 하면 다르게 행동할 수 있었을까?"라고 묻거나 한 걸음 나아가서 "다음번에는 어떻게 하면 다르게 행동할 수 있을까?"라고 질문을 던져보는 게 특히 중요하다. 이 물음에 답을 내놓을 수 없다면 우리를 실망하게 했던 과거의 방식에 도로 기대게 될 가능성이 높다. 우리는 그런 과거의 방식이 우리를 어디로 데려갈지 안다. 그건 더 이상 우리가 추구하는 길이 아니다.

자기의 가치관과 그다지 맞지 않았던 과거의 행동을 대신할 구체적이고 실천 가능한 방안을 찾아보는 것이 중요하다. 이렇게 함으로써 우리는 선택의 폭을 넓힐 수 있다.

자신에게 있는 많은 욕구를 효과적으로 충족하면서도 자신과 상대에게는 덜 해로운 방법을 터득할 수 있다. 우리가 선택한 방법이 구체적일수록 목표를 이룰 가능성이 커진다. 신성한 공간에 들어서서 삶이 활짝 피어나게 하자.

1   John Moyne and Coleman Barks. <The Essential Rumi: The Expanded Edition>, New York, HarperCollins, 1996, 36.

Practice

지금 후회하고 있는 예전의 선택을 되돌아보자. 그 선택을 한 자신을

용서했는가? 다음번에는 무엇을 바꿔볼 수 있을까?

12장

힘, 힘 휘두르기, 힘 합치기

우리가 스스로에게 폭력적이면 다른 사람에게 진정으로 연민을 느끼기 어렵다.

-마셜 로젠버그

힘에는 욕구를 충족하기 위해 필요한 자원을 구할 수 있는 능력이 포함된다. 우리는 이용 가능한 외부 자원과 내부 자원을 활용해서 원하는 것을 얻는다. 힘 자체는 좋지도 나쁘지도 않은데 세상에 도움이 되도록 사용할 수 있다.

필요할 때 활용할 수 있는 외부 자원의 예시로는 돈이나 단체, 사회 제도, 사회 집단, 공간, 시간, 사회 관계망 등이 있다.

내부 자원으로는 긴 줄에서 기다리면서도 발끈하지 않는 참을성, 타인과의 공감 능력, 속상해도 차분한 모습을 보이거나 혼자서도 감정을 능숙하게 조절하는 자제력 등이 있다.

힘 휘두르기(Power-over)

개인이나 집단이 다른 개인이나 집단을 대상으로 힘을 휘두를 때가 있다. 이때 보통 쓰이는 방법으로 처벌과 보상이 있다. 우리가 원하는 대로 상대가 행동하지 않으면 우리는 그들에게 주던 특혜를 빼앗거나 체벌을 가하는 식의 처벌을 생각할 것이다. 힘 휘두르기 범주에 속하는 것은 전화를 걸려고 하는 상대의 핸드폰을 빼앗아가 버리거나 밖으로 나가려는 상대를 떠나지 못하게 출구를 막아서는 행동 등이다. 이렇게 하는 사람들은 자기가 다른 사람보다 신체적 힘이 강하거나 다른 사람에게 겁을 줄 수 있다고 믿고 힘을 휘두른다. 상대는 의사 결정에 참여하지 못하고 그들의 욕구는 동등하게 다루어지지 않는다.

상대의 욕구가 동등하게 다루어지지 않는다는 점을 알

면서도 개의치 않고 힘을 쓰는 것은 자기가 상대에게 힘을 휘두를 권리가 있다고 믿기 때문이다. 상대에게 힘을 휘두르고 있으면서도 본인은 그 사실을 인지하지 못하는 경우도 있다. 어떤 때는 본인이 힘을 휘두른다는 사실을 알면서도 선택을 할 내부나 외부의 자원을 발견하지 못해서 그대로 밀고 나가기도 한다. 힘을 휘두르면 대개 누군가의 희생이 따른다.

보호를 위해 힘을 쓰는 행동은 힘 휘두르기 범주에 들어가기는 하지만 세상을 풍요롭게 만드는 방법으로 여겨진다. 이때 주요한 목적은 상대와 자신을 안전하게 보호하는 것이다. 처벌을 위해 누군가의 자동차 열쇠를 빼앗아가는 행위는 힘을 휘두르는 범주에 속하지만, 누군가가 음주 운전을 하지 못하게 막는 행위는 보호를 위해 힘을 쓰는 것이다. 모두가 안전한 상태에 이르면 그때는 곧 힘을 합치는 방법을 생각할 수 있다. 이 방법은 상대에게 영향을 미치는 일방적 결정이 아니라 협력에 가깝다.

힘 합치기(Power-with)

힘 합치기란 다른 사람과 협력하면서 연관된 모든 사람

의 욕구를 돌보기 위해 우리가 가진 자원을 사용하는 것이다. 모두의 욕구가 중요시되고 동등하게 다루어져서, 모두의 마음에 드는 방법을 찾으려면 신뢰와 협동이 필수다.

　지금은 많은 사회 영역에서 힘 휘두루기 모델이 활용되는 반면, 힘 합치기 사례는 그보다 적어서 상대와 함께 이를 실천하는 데 어려움이 있을 수 있다. 상대와 힘을 합치려면 깨어 있어야 하고 수고를 들여야 한다. 인내심, 공감 능력, 자제력 같은 내면의 능력도 길러야 한다. 이러한 훈련은 우리가 건전한 기본 체력을 기르는 데 도움이 된다. 이런 내면의 자원은 우리가 우리 몸과 계속 연결되어 있고 자신을 항상 중심에 둘 수 있도록 도와주는 힘으로, 외부 자극에 덜 민감하게 반응하게 해주어 상대와 협력할 때 큰 도움을 준다. 이러한 기본 체력은 상대와 협력할 때 큰 도움을 준다. 기본 체력의 예시로는 땅에 디딘 발 느끼기, 호흡하기, 명상하기, 일기 쓰기, 천천히 마음을 가라앉히고 선택지 생각하기, 자신에게 공감하기 등이 있다. 어려운 일을 맞닥뜨렸을 때 공감해줄 수 있는, 의지가 되는 사람을 주위에 많이 두는 것도 도움이 된다.

과거에 힘을 휘둘렀던 일을 떠올려보고 당시에 힘을 합칠 방법이 있었는지 생각해보자. 부록 E에서 사람들이 힘을 휘두를 때 사용하는 방법을 살펴보자.

13장

천천히 느긋해지기

"인간이 지닌 자유는 자극을 받고 그에 반응하기 전에 한 박
자 멈추고, 그 멈춘 시간 동안 자신의 반응을 선택할 수 있
는 능력에 있다."

-롤로 메이Rollo May, 〈창조를 위한 용기The Courage to Create〉

천천히 느긋해지기는 우리가 속상할 때 활용할 수 있는
방법이다. 느긋해지지 않으면 말이나 행동이 생각보다 앞
서고, 지나고 나서 후회할 수가 있다. 자극을 받을 때를 대
비해서 일상생활에서 연습할 수 있는 두 가지가 있는데, 호
흡하기와 천천히 자신을 되찾기.

뇌는 실제로 위험에 처해 있지 않은데도 그렇다고 착각

하게 만드는 경향이 있다. 이때 심호흡을 하면 자신이 위험한 상황에 빠져 있지 않다는 사실을 깨닫는데 도움이 되어 다시금 명료한 정신으로 반응할 수 있다.

자신의 호흡을 의식하면서 4초간 숨을 들이마시고 4초에서 6초간 내쉬면 뇌로 더 많은 산소가 간다. 뇌로 간 산소는 흥분을 가라앉히고 자극으로 촉발된 투쟁-도피 상태에서 벗어나게 도와준다.

느긋하고 차분해지면 있는 그대로 상황을 볼 가능성이 훨씬 커진다. 그리고 지레짐작하거나 자신의 심리를 상대에게 투영하는 함정에 빠질 가능성이 줄어든다.

우리가 무언가로 자극을 받았을 때 느긋해지고 어떻게 반응할지 생각할 수 있다면 우리는 자신의 가치관과 일치하는 삶을 사는 자유를 누릴 수 있을 것이다.

마음을 느긋하게 가지면서 화를 내지 않을 수 있는 비결 중의 하나는 상대가 어떤 행동을 하는 데는 언제나 이유가 있다는 사실을 기억하는 것이다. 로젠버그는 그 이유가 충족되지 않은 욕구라고 말한다. 우리의 모든 행동은 어떤 욕구를 충족하기 위한 시도이다. 그들이 그렇게 행동한 건 절대 개인적 감정이 있어서가 아니다.

간디는 이렇게 적었다. "아힘사를 실천하려면 상대가 선하다고 믿고 자신을 싫어하는 사람을 사랑해야 한다. 아힘사가 가장 위대한 힘인 이유는 상대의 머리가 아니라 가슴에 호소하기 때문이다."[1]

간디는 타인을 긍정적인 시각으로 보았고 아힘사를 갈등 해결 수단으로 보아서 갈등은 언제나 해결될 수 있다고 여겼다. 그는 절대 승자와 패자를 가리고 싶어 하지 않았다. 그 대신 양편을 변화시켜 모두의 욕구를 충족할 해결책이 나오기를 바랐다.

긍정적인 시각으로 상대의 인간적인 모습과 잠재력을 봄으로써 우리는 그들을 긍정적 시각으로 바라볼 수 있다. 그러면 상대는 우리가 주는 신뢰와 배려, 연민을 받고 자신의 신뢰와 존중에 대한 욕구가 충족된다. 우리가 이런 모습을 삶 속에서 실천하면 상대는 더 열린 마음으로 우리가 전달하고자 하는 메시지를 거부감 없이 들으며 우리의 부탁에도 호의적으로 반응한다.

때로 느긋해지기가 필수인 이유는 그런 여유가 상대의 인간적인 면을 우리가 기억하도록 도와주기 때문이다. 이렇게 할 수 있을 때 보살핌과 연민의 가치로 살 가능성이 커지고 모두가 받아들일 수 있는 해결책을 찾을 확률이 높아진다.

우리는 마음을 느긋하게 열 때 자신과 상대의 욕구를 잘 살필 수 있고 자연스럽게 연민을 삶의 일부로 받아들여, 마음의 평화를 되찾으며 아힘사(비폭력)를 실천할 공간을 만든다.

천천히 하면 말이나 행동이 앞서지 않고 침착해지는데, 이럴 때 우리는 자극에 어떻게 반응할지 의식적으로 선택할 수 있다. 이 상태에서는 자유를 경험하는 한편 자신을 잘 통제할 수 있다. 또한 이 상태에서는 욕구를 충족하기 위해 우리가 가진 자원을 더욱 효과적으로 사용할 수 있다.

조앤 본듀런트는 이렇게 말한다. "인간 욕구 충족 여부에 기준을 둔 진리는 비폭력 행동을 통해서 양쪽을 모두 만족시키는 합의된 해결책으로 나타납니다."[2]

1   Weyburn Woodrow Groff, "Nonviolence: A comparative Study of Mohandas Gandhi and the Mennonite Church on the Subject of Nonviolence" (PhD diss., New York University, 1963), 122.

2   Joan Bondurant. <Conquest of Violence: The Gandhian Philosophy of Conflict>, New ed, (Princeton University Press, 1988, 192, 196).

Practice

✧

자극을 받아도 느긋해지는 연습을 해보자. 그리고 자신과 상대의 욕구에 공감하는 연습을 해보자. 느긋한 마음을 가지기 위해서는 구체적으로 무엇을 해야 할지, 어떤 것이 도움이 될지 적어봐도 좋다.

14장

함께 해결책 찾기

새는 답을 갖고 있어서 노래를 부르는 게 아니다. 노래를 갖
고 있어서 노래 부른다.

-마야 안젤루

    비폭력을 실천할 때 우리는 승자와 패자를 가리지 않으
면서 모두의 욕구를 충족할 방법을 찾는다. 우리가 지지
하는 어떤 것이 있을 때 우리는 상대가 태도를 전환하도
록 동기를 주기도 하고, 우리도 새로운 가능성에 열려있어
야 한다. 이 때 갈등 속에서도 모두가 만족할 해결책이 나
오는 것은 양쪽이 타협이 아닌 새로운 방식으로 상황을 맞

이할 때이다.

테런스 J. 라인은 다음과 같이 적었다. "타협을 통해 해결하면 모두가 조금씩 잃는다. 조정을 통해 갈등을 풀면 보통 한쪽이 정당하다고 판정받는다. 힘으로 이긴 경우는 이런저런 협박으로 한쪽이 얻고 다른 쪽이 잃는다. 간디식 접근법에서는 양쪽이 공정하다고 여길 대안을 함께 생각하는 데 중점을 둔다."[1]

사회학자인 마크 주어겐스마이어는 이렇게 썼다. "간디 접근법의 기본 전제는 다투는 대상을 사람이 아닌 원칙으로 바꾸는 것이다…." 그는 이어서 말했다. "간디가 보기에 모든 다툼은 같은 진실을 다른 시각에서 밝히는 싸움이다."[2]

다투는 대신 상대와 협력하면 때로는 그들도 우리와 같은 욕구를 지니고 있음을 발견한다. 상대와 협력하면 마음이 누그러지는 한편 창의력은 활짝 피어나서 모두가 만족할 수 있는 새로운 해결책이 나온다.

간디 연구자인 리처드 그레그는 다음의 점에 주목했다. "비폭력 저항은 상대의 사기를 떨어뜨리고 의지를 꺾고 자신감과 열의, 희망을 무너뜨리려는 전쟁의 목표와 비슷하게 보인다. 하지만 그것과는 분명 다르다. 비폭력 저항이 상대의 사기를 떨어뜨리려는 이유는 건전한 가치관에 바탕을 둔 바람직한 사기를 상대에게 새롭게 불어넣기 위함이다. 비폭력 저항은 상대의 의지를 꺾지 않고 의지의 방향을 바꾼다."[3]

갈등 상태에서 누군가의 사기를 떨어뜨리려는 일은 대개 불필요하다. 상대와 공감하다 보면 서로의 욕구가 무엇인지 대화를 나눌 수 있고 그로부터 해결책이 생겨난다.

1   Terrence J. Rynne. <Gandhi & Jesus: The Saving Power of Nonviolence>, 73.

2   Mark Juergensmeyer. <Gandhi's Way: A Handbook of Conflict Resolution>.
     University of California Press, 1984, 3.

3   Richard Gregg. <The Power of Nonviolence>. New York: Schocken Books,
     1966, 12.

✧

과거에 양쪽 모두를 존중하며 해결책에 이르렀을 때 어떤 방식을 사용했는지 기억하는가? 어떻게 해결책을 찾을 수 있었는가? 합의하거나 해결책을 찾을 때 상대를 존중하기 위해 무엇을 할 수 있을까?

15장

결의

"그 어떤 비관주의자도 별이 품은 비밀을 밝혀내거나 미지의 땅으로 항해하거나 인간 영혼을 위한 새로운 천국을 연 적이 없다."

-헬렌 켈러

어떤 일에 도전해서 얼마 안 되었을 때는 낙관과 희망으로 가득 차 있다. 문제는 도전을 수행해 나가는 동안에도 계속 긍정적인 에너지를 유지할 수 있느냐이다. 분명 중간 중간에 시험과 장애물이 나타난다.

꿈이나 목표를 달성할 수 있다고 믿을 때 희망이 솟아난다. 자신을 신뢰하고 자기의 능력에 확신이 있을 때 생각을 현실로 바꿔줄 힘이 발휘된다.

자신에게 도전하며 계속해서 나아갈 수 있고 긍정적인 태도를 유지할 수 있다고 믿어 보라. 나아가는 도중 자기를 도와줄 자원과 도구가 주어질 테니 자기가 가진 자원에만 의지할 필요가 없다고 믿어 보라.

자신을 믿지 못하고 자기 능력을 의심할 때 우리와 우리의 잠재력 사이에 벽이 세워진다. 이 벽은 우리가 '불가능하다'거나 '할 수 없다'고 판단한 것들로 이루어져 있다. 앞의 두 말을 포함해 그와 비슷한 단어는 우리에게 독이다. 그건 꿈을 죽인다. 그런데도 막상 시험이 닥치면 우리 안에 있는 비평가의 이런 이야기가 때로 귓가를 맴돈다.

무언가를 시도할 때 성공의 열쇠는 긍정의 자세를 유지하는 것인데, 믿기지 않는 일을 해내는 사람과 그렇지 못한 사람을 구분하는 핵심 요소이기도 하다. 미국의 육상 스타인 칼 루이스는 한 인터뷰에서 경기 시작 전부터 자신이 달리는 모습과 경주에서 우승하는 모습을 처음부터 끝까지 머릿속에 그려본다고 했다. 육상 트랙에서 그가 거둔 성공은 그의 생각이 달리기를 한 단계 끌어올렸다는 사실을 보여준다.

2004년 아디다스 광고에서는 무하마드 알리가 한 말이

인용되었다. "불가능은 자기가 가진 힘을 끌어내 세상을 바꾸기보다 주어진 세상에 안주하고픈 나약한 이들이 내뱉는 허풍이다. 불가능은 사실이 아니라 의견이다. 불가능은 선언이 아니라 도전이다. 불가능은 가능성이며 일시적 상태일 뿐이다."

사물을 바라보는 생각의 틀은 큰 영향력을 가지고 있다.

자신이 지닌 무한한 잠재력을 믿는다면 가능성은 활짝 열려 있다. 다음번에 도전을 시작할 때는 자신이 성공하리라고 믿고 최선을 다해보자. 미국의 육상 선수인 스티브 프리폰테인은 이렇게 말했다. "최선을 다하지 않는다면 자신의 재능을 버리는 셈이다."[1]

목표에 이르지 못하는 날도 있겠지만 그 과정에서 배우는 것이 중요하다. 시행착오 없이는 변화도 불가능하다. 토머스 에디슨도 만 번의 시도 끝에 첫 전구를 만들었다고 한다. 10001번째가 되어서야 성공했다. 그리고 이렇게 말했다. "나는 실패하지 않았다. 그저 작동하지 않는 만 가지 방법을 알았을 뿐이다."[2]

목표에 미치지 못하는 건 공식의 일부다. 거쳐 가는 과정일 뿐이다. 마이클 조던은 농구선수로 활약하면서 9천 번 이상 슛에 실패했다. 진 경기는 300회가 넘는다. 팀은 그를 믿고 버저 비터 슛을 맡겼지만 26번을 실패했다. 그는 이렇게 말했다. "나는 살면서 실패를 거듭했다. 그게 바로 내가 성공한 이유다."[3]

목표 달성에 실패했을 때의 현명한 대처법은 단지 어떻게 하면 잘될지 방법을 찾아보고, 필요한 부분을 바꾸고, 실패에서 배운 점을 잘 활용하는 것이다. 이 과정의 효과를 터득하면 우리는 계속해서 성공을 경험할 수 있다.

1   Tom Jordan. <Pre: The Story of America's Greatest Running Legend>, Rodale Books, 1977, Chapter 12.

2   The History Hour. Thomas Edison: The One Who Changed The World (Great Biographies), 2018, 66.

3   마이클 조던이 나이키 TV 광고 '실패'(1997) 편에서 한 말.

Practice

오늘이나 어려운 일을 다룰 때 생각의 틀을 달리해서 바라보자. 이
루고 싶은 목표를 위해 긍정의 말을 적어보자. 다른 생각의 틀로 보
게 되었는지 시간을 내서 자신이 쓴 글을 다시 읽어보고 그 내용을
곱씹어보자.

16장

비극적 사건에서 의미 찾기

"당신의 마음속에 있는 풀리지 않는 의문을 참을성을 가지고 대하십시오. 그리고 물음 그 자체를 사랑하는 법을 배우세요."

-라이너 마리아 릴케, 〈젊은 시인에게 보내는 편지〉

때로 우리는 삶에서 벌어지는 일들을 이해하지 못한다. 그 경험이 비극적 사건이건 상실이건 고난이건 시련이 벌어지고 있는 가운데 무언가 거대한 힘이 작용하고 있음을 믿어도 좋다.

니나 케슬러Nina Kessler는 한 아이의 부모로서 자기 인생을 송두리째 바꾼 비극적 사건을 사람들에게 이야기한다. 그 일을 겪고서 그녀는 신이 어떻게 그런 일이 벌어지도록 내버려 두었는지 이해할 수 없었다. 그녀는 그 사건이 당시 자기에게 벌어질 수 있는 가장 끔찍한 일이었다고 말했다.

그녀는 핸드 HAND, Helping After Neonatal Death(신생아의 죽음을 겪은 부모와 가족을 돕는 비영리법인-옮긴이)에서 나온 소식지 5권 2호에 이렇게 적었다.

"제 딸 어맨다는 생후 5개월로 막 접어든 1983년 1월에 심장 절개 수술을 받고 죽었습니다. 오늘로 어맨다는 스물두 살로 성인 여성이 되겠지요. 그렇지만 저는 그 아이를 사진으로밖에 볼 수 없답니다. 그것도 여전히 아기인 채로요.

어맨다가 제 삶에 들어오면서 겪은 일 덕분에 그 아이가 세상에 오기 전에는 감히 기대하지도 못한 여러 기회를 누렸습니다. 어맨다가 죽고 나서 저는 죽음을 앞둔 아이들과 부모를 돌보는 지역 호스피스 병원에서 자원봉사 활동을 했습니다. 그러다가 1986년에 자녀를 사별한 부모를 돕는 조력자로 일했습니다. 1989년에는 병원에서 유산과 영아 사망 코디네이터 및 사별 코디네이터가 되었지요.

이후 저는 대학원에 들어가 1999년에 캘리포니아 주립

대학교 스태니슬라우스 캠퍼스에서 사회복지학 전공으로 석사 학위를 마쳤습니다. 그리고 1999년부터 상담 치료 서비스를 제공하는 사회복지사로 일해왔지요. 지금은 임상 사회복지사 면허를 따려고 준비하고 있답니다.

시간이 흐르며 아이를 잃은 슬픔을 바라보는 제 관점과 감정에 변화가 있었습니다. 발전이 있었다고 하는 게 더 맞는 말이겠군요. 전 이제 신에게 감사하고 있으니까요.

하지먼 변함없는 의식을 치르는 건 여전히 제게 중요합니다. 매해 크리스마스가 되면 십 대 아들 둘과 27년간 함께한 남편은 크리스마스트리에 어맨다의 이름과 사진이 있는 특별한 장식을 매단답니다. 그중 몇 개는 까마득한 1980년대에 제가 호스피스 병원 지원 단체와 만든 것이지요. 어맨다의 생일이 되면 우리는 그 아이를 위해 풍선을 하나 날려 보낸답니다. 우리는 뒷마당에 원을 그리고 서서 손을 잡고 메시지를 보냅니다. 그리고 풍선이 보이지 않을 때까지 하늘을 바라보지요.

어맨다가 아니었다면 제 인생이 어떤 방향으로 갔을지 상상조차 안 됩니다. 22년 전 겪은 상실은 당시로써는 제게 벌어질 수 있는 가장 끔찍한 일이었으나 시간이 흐르자 그 일은 인생의 어느 지점에서나 길잡이가 되어 저를 이끌어주었습니다. 제게 축복이었지요. 어쩌면 그게 어맨다가 이 세상에 태어난 목적이었을지도 모릅니다. 무력한 아기를 잃는 비극을 겪었고, 그 후에는 왜 신이 그런 일이 벌어지게 내버려 두었는지 의문을 품었지만 어맨다가 이 세상에 남긴 빛은 많은 이들에게 영향을 주었습니다. 그 아이가 남긴 선물은 제 삶을 송두리째 바꿔놓았지요."

나는 몇 해 전에 일터에서 이 소식지를 집어들었다. 그 소식지는 탁자 위에 놓여 있었다. 이 이야기는 내 관심을 끌었고 마음을 울렸으며 이후로 나와 내내 함께했다. 어려운 시련을 겪을 때마다 나는 내가 혼자가 아니며, 내가 시련을 겪는 데는 이유가 있다는 사실을 되새긴다.

얼마 전 46세인 조지 플로이드George Floyd의 죽음은 사람들의 마음에 상처를 남기며 분노와 불안, 정의를 향한 깊은 갈망을 촉발했다. 플로이드는 2020년 5월 25일 사망했다. 그는 "숨을 쉴 수 없어요."라고 반복해서 말했지만 경찰관은 계속해서 그의 목을 무릎으로 짓눌렀다. 플로이드와 경찰관의 모습이 찍힌 영상이 유포되자 세계 곳곳에서 시위가 열렸다. 여태까지 있었던 가장 큰 규모의 민권운동이었다.

이 비극적인 사건은 세계 각지의 수백만 명을 하나로 모은 운동으로 발전했다. 플로이드에게 일어난 일은 끔찍하고 경악스러웠다. 일어나서는 안 될 일이었다. 그러나 한편으로는 경찰 조직이 개선되고 정의가 승리하는 데 필요한 운동을 촉발했다.

극심한 고통 한가운데서도 우리는 의미와 목적을 찾을 수 있다. 나는 플로이드의 죽음이 헛되지 않았음을, 그리고 꼭 필요했던 시스템 전체의 변화를 불러올 것임을 믿는다.

살면서 비극적이긴 하지만 새로운 발견, 성장, 행동으로 이끈 시련이나 사건을 겪은 적이 있는가? 삶에서 맞닥뜨린 시련에서 의미와 진리를 찾을 수 있을까?

17장

감사하는 마음

"감사는 가슴이 기억한다."

-프랑스 격언

고마움을 느끼고 그 마음을 실제로 표현하다 보면 긍정적 에너지가 우리 삶 속으로 밀려든다. 감사하는 마음은 인간이 지닌 가장 바람직한 감정이라고 많은 심리학자가 입을 모은다.

감사한 마음을 불러일으킨 것에 집중하면 넓은 시야로 상황을 바라보게 되고 기분도 달라진다. 그러다 보면 부정적 생각에서도 멀어진다. 이런 태도는 긍정적인 면에 주목하고 진정으로 중요한 것에 신경 쓰도록 우리에게 동기를 주고 의욕을 고취한다.

감사하는 마음은 어려운 일이 닥쳤을 때 우리의 기운을 북돋우고 좌절하지 않게 도와준다. 멜로디 비티는 자신의 책 〈내려놓음의 언어 The Language of Letting Go〉에 이렇게 썼다. "감사하는 마음은 충만한 삶으로 통하는 문을 엽니다. 그건 우리가 이미 가진 것만으로도 충분하고 넉넉하다고 느끼게 해줍니다. 그건 거부를 수락으로, 혼돈을 질서로, 혼란을 명료함으로 변화시킵니다. 그리고 식사를 만찬으로, 집을 가정으로, 낯선 이를 친구로 바꿔주기도 하지요. 감사하는 마음은 과거를 이해하게 해주고, 현재에 평화를 가져다주고, 미래를 꿈꾸게 합니다."[1]

살면서 좋은 일이든 나쁜 일이든 거기에 목적이 있다고 믿으면 감사하는 마음이 확 솟는다. 그 일이 사회 전체로 보았을 때 좋은 일이라는 점을 이해하면 좌절이라는 구속에서 벗어나 자유를 찾게 된다. 어떤 일이 벌어지건 이 점을 믿으면 우리는 언제나 기쁨과 평화를 누릴 수 있다. 긍정의 관점으로 세상을 바라보면 더 많은 긍정적 에너지가 결과를 가져온다.

여러 가지 방법으로 감사하는 연습을 해볼 수 있다. 그 가운데 하나는 감사한 마음을 불러일으키는 것들의 목록을 적고 각 항목 옆에 자신의 어떤 욕구가 충족되었는지 쓰는 것이다. 그런 다음에는 이 순간, 이 기억, 이 행동을 온전히 마음속에 간직해보자. 충족된 욕구의 아름다운 에너지에 집중하는 것도 좋다. 욕구가 온전히 행동으로 옮겨진 순간에 집중하는 것도 도움이 된다. 이런 방법은 욕구가 지닌 아름다움에 우리가 연결되도록 돕는다.[2]

감사하는 연습을 하는 또 다른 방법은 상대에게 말로 고마움을 표현하고 그들이 한 말이나 행동 덕분에 자신의 어떤 욕구가 충족되었는지 알려주는 것이다. 단순히 '감사합니다'라는 말로는 그 마음이 온전히 전해지지 않는다. 대신 우리는 이런 식으로 말할 수 있다. "어제 제 말을 들어주어서 정말 고마웠어요. 누군가 제 말에 귀 기울여주면 제게는 큰 힘이 되거든요."

감사함을 표현하는 세 번째 방법은 신성한 에너지에 감사하는 것이다. 충족된 욕구의 에너지가 신성한 원천에서 나왔다고 생각해도 좋다. 우리가 가지거나 경험한 아름다운 것이 모두 신성한 에너지의 선물이라는 점을 이해하고서 감사함을 표현할 기회가 있을 때 우리는 우리의 삶과 이

세상에 더 많은 긍정적 에너지를 불어넣게 되며 이러한 욕
구를 계속해서 충족해 나갈 동기를 얻는다.

1   Melody Beattie. <The Language of Letting Go: Daily Meditations, Center City>, Hazeldon Publishing, 1990, 218.

2   NVC 공인 트레이너인 로버트 곤잘레스가 욕구의 아름다움을 명상한다는 주제에 큰 도움을 주었다.

✧

오늘 하루 무엇에 감사한 마음이 들었는지 생각하고 그로 인해 충족된 욕구와 실현된 가치를 이해해보자. 가능하면 이번 주에 자신에게나 다른 누군가에게 혹은 신성한 에너지에 감사함을 표현하는 것은 어떨까.

18장

격려하기

"마음속 불안은 우울을 가져온다. 그러나 따뜻한 말 한마디가 그 마음을 즐겁게 해준다."

-잠언 12장 25절

헨리 포드와 토머스 에디슨은 친구였다. 포드는 어렸을 때부터 에디슨을 우러러보았고, 나중에는 에디슨이 세운 회사에서 엔지니어로 일했다.

공식적으로 알려진 바로는 둘은 에디슨의 회사가 후원한 컨벤션에서 처음 만났다. 누군가가 에디슨에게 휘발유 차를 만든 젊은 친구라며 포드를 소개했다.

에디슨과 포드는 한동안 대화를 나누었다. 에디슨은 포드의 발명품 이야기를 듣고는 좋은 생각이라며 흥분하더니 탁자를 주먹으로 쾅 내리쳤다. 그리고 말했다. "젊은이, 바로 그거야. 자네가 옳아. 그러니 밀어붙이게! 자네가 만든 차는 내부에 모든 걸 갖추었어. 불도 보일러도 연기도 증기도 없군. 자네가 옳아. 그러니 계속 밀고 나가게!"[1]

여러 해가 흐른 뒤 포드는 신문 인터뷰에서 이렇게 말했다. "그날 에디슨이 탁자를 내리쳤을 때 저는 세상 전부를 얻은 듯했습니다. 그때까지 그 누구도 저를 격려해준 적이 없었거든요. 제가 맞기를 바랐습니다. 때로는 제가 옳다는 걸 알았지만 어떤 때는 의구심이 들었지요. 그런데 정말 뜻밖에도 세상에서 가장 위대한 발명의 천재가 저를 전적으로 인정해주었습니다."[2]

포드는 자기가 들은 격려의 말을 절대 잊지 않았다. 그 말은 포드가 계속해서 꿈을 좇도록 의욕을 고취해주는데 충분했다.

우리가 격려의 힘을 절대 잊지 않기를 바라고, 우리가 하는 격려의 말이 타인에게 기운을 주어서 그들이 위대한 일을 하게끔 의욕을 불어넣어 주기를 바란다.

상대에게 감사하는 마음을 표현하거나 그들이 우리나 다

른 이의 삶을 풍요롭게 해주었다고 이야기하거나 하이파
이브를 하거나 엄지를 치켜드는 등의 행동으로 우리는 그
들을 온종일 기분 좋게 만들어줄 수 있다.

1   Sidney Olson. <Young Henry Ford: A Picture History of the First Forty
     Years>. Detriot; Wayne State University Press, 1997, 87.

2   위의 책, 87.

✧

오늘은 그들이 어떻게 삶을 풍요롭게 했는지 알려줘서 그들의 기운을 북돋아주자. 상대에게 격려가 될 장점을 찾아내어 말해주자.

있는 그대로 말하기

소통하는 과정에서 상대를 판단하고 비난하고 비판하면 상대도 우리가 그들에게 말한 똑같은 식으로 우리 말에 대응하는 경향이 있다.

우리 대부분은 이런 방식의3 소통에 습관이 되어 있다. 그 결과 우리 삶에 더 많은 갈등이 빚어지는 것을 알게 된다. 그런데도 많은 사람이 이 연관성을 이해하기보다는 계속해서 그들의 삶에 일어난 갈등을 남 탓으로 돌린다.

아인슈타인이 말하길 미친 짓이란 같은 일을 계속 반복하면서 다른 결과가 있기를 기대하는 것이라고 했다. 변화의 열쇠는 우리가 하던 기존 방식에 문제가 있다는 점을 깨닫고서 다른 방식을 시도해보고 새로운 방식을 습득하는 것이다. 아리스토텔레스는 이렇게 말했다. "우리가 반복해서 행하는 것이 곧 우리 자신이다. 그러니 탁월함은 행동이 아니라 습관이다."[1]

비폭력대화라는 틀을 사용하면서 우리는 도덕주의적 판단(선함과 악함, 옳음과 그름)이나 상대에 대한 자신의 해석과 생각 대신 사실을 말하는 데 초점을 맞추는 연습을 한다.

사회는 사람을 비롯해 모든 것에 꼬리표를 붙인다. '그는 얼간이야.', '그는 멍청해.', '그녀는 게을러.' 같은 말을 자주 하는 사람이 있다. 판단의 한 형태인 이런 꼬리표는 그 말을 내뱉는 자신을 더 속상하게 만들 뿐이다. 이런 말들이 우리의 화를 정당화시키기 때문이다. 한편 꼬리표가 붙여진 상대는 그 사람대로 방어적으로 변해 성을 낸다. 다른 사람에게 평가를 당하거나 꼬리표가 붙기를 바라는 사람은 없다.

예수는 '판단하지 마라'며 우리가 보고 누린 문화와 근본

적으로 다르게 행동하라고 가르쳤다. '판단하다'에 해당하는 그리스어 단어는 '크리노(krino)'인데 '판단하다', '형을 선고하다', '사적으로 의견을 내다'라는 의미를 지닌다.(예수의 행적이 담긴 신약성경은 원문이 그리스어이다-옮긴이)

이제 다른 사람과 민감한 주제를 놓고 대화하면서 부정적 의견을 내지 않는 상황을 상상해보라. 생각만큼 쉽지 않다.

우리가 어떤 주제에 관해 의견을 낼 때 보통 부정적인 이야기가 주를 이룬다. 우리는 상대를 적으로 간주하고 많은 경우 무언가 잘못된 일을 해서 벌을 받아야 하는 사람이라고 여긴다.

판단하지 않는다는 것은 상대의 부정적인 면이 돌출되지 않도록 상대를 다른 시각으로 바라보라는 뜻이다.

판단은 바로 우리 눈 속에 있는 들보다. 이 들보를 빼내야만 우리는 상대가 충족되지 않은 욕구를 지닌 한 인간일 뿐이며, 그들의 행동은 자신의 욕구를 충족하려다 보니 벌인 비극적인 시도에 불과하다는 점을 이해한다.

다른 사람의 느낌과 욕구에 동질감을 느낄 때 우리는 비로소 공감할 수 있다. 이렇게 할 때 사람들은 우리에게 말을 걸고 싶어 한다.

판단하지 말고 관찰만 하는 연습을 해보자. 가령 누군가를 보고 '나태하다'라거나 '게으름뱅이'라고 단정하는 대신 느긋한 마음을 가지고 실제로 눈에 보이는 것에 집중하자. 싱크대에 쌓인 설거짓거리가 보일 때 상대에게 "어쩜 그렇게 게으르고 절대 도우려 하질 않니?"라고 하는 대신 "점심 먹은 접시가 아직 싱크대에 있네. 난 네 도움이 필요해. 접시들을 보니 속상했어. 한 시간 내로 설거지를 해줄 수 있겠니?"라고 말할 수 있다.

1   윌 듀런트, 〈철학 이야기〉, 동서문화사, 2007.

✧

최근이나 예전에 자신이 상대에게 했던 평가 다섯 가지를 적어보고 그것을 관찰로 바꿔보라.

20장

비폭력 대화

"내가 삶에서 원하는 것은 서로 마음에서 주고받을 때 나와 상대 사이에 흐르는 연민이다."

-마셜 로젠버그

비폭력대화는 우리 삶에 연민이 녹아들게 해주는 실용적 방식이다. 상대를 비난하거나 깎아내리면서 힘을 휘두르는 순간 우리는 연민에서 멀어진다. 비폭력대화는 우리 삶에서 사랑과 솔직함, 공감과 이해심을 내보이게 힘을 준다.

로젠버그는 간디에게서 영감을 받고서 간디의 아힘사(비폭력) 원칙에 뿌리를 둔 비폭력대화 방법을 고안했다.

로젠버그는 다음과 같이 비폭력대화를 설명한다. "비폭력대화는 소통, 즉 말하고 듣는 구체적인 방법으로 우리가 자신의 내면뿐 아니라 타인과 가슴으로 연결되어 타고난 연민을 피워낼 수 있게 이끌어준다."[1]

그리고 덧붙인다. "간디가 사용한 비폭력이라는 단어에 착안해서 이 방법을 비폭력대화라고 부르기로 했다. 마음을 휘젓던 폭력이 가라앉고 연민의 상태로 돌아왔을 때를 가리키기 위해서다."[2]

디팩 초프라Deepak Chopra는 이렇게 적었다. "내 생각에 마셜 로젠버그가 남긴 일생일대의 업적은 그가 중재자의 역할을 획기적으로 바꿨다는 데 있지 않다. 물론 그 점도 매우 가치 있지만 그보다 중요한 건 그가 실천하며 살아온 새로운 가치 체계다. 사실 이 체계 자체는 아주 역사가 길다. 그러나 인간은 평화와 폭력 사이에서 늘 방황한다. 따라서 아힘사는 모든 세대에서 되살아나야 한다."[3]

비폭력대화는 자기 느낌과 욕구를 표현하고, 상대의 마음을 듣는 데 집중한다. 그 바탕에는 현재의 내면의 목소리에 귀 기울임으로써 삶을 풍요롭게 하는 것들과 연결될 수 있다는 생각이 깔려 있다.

19장에서 이야기했듯이 비폭력대화에서는 평가(도덕주의적 판단, 꼬리표 붙이기 등) 없이 사실(관찰)을 말하는 데 집중한다. 비폭력대화의 기본 규칙은 남을 재단하는 생각에서 느낌과 욕구로 주의를 옮기는 것이다. 우리는 있는 그대로 관찰하는 대신 너무나 자주 타인과 그들의 행동에 꼬리표를 붙인다. 평가의 예시로는 "너는 게을러빠졌어." 같은 말이 있다.

비폭력대화 방식을 따르면 "소파 위랑 바닥에 네 옷들이 있네."라고 말할 수 있다.

그리고 생각을 섞지 않은 채 느낌을 말한다. 그러기 위해서는 자신이 어떤 감정인지 먼저 알아야 한다. 이렇게 말할 수 있다. "그걸 보니 속상해."

다음으로는 자신의 감정을 욕구와 연관시켜 보자. 이때 우리는 자신의 감정과 욕구에 책임지기를 바란다. 그 뜻은 우리의 느낌은 누가 한 말이나 행동이 불러일으키는 것이 아니라 우리의 욕구(동경하는 것, 가치관)가 충족되었는지 아닌지에서 온다는 것을 인식한다는 것이다. 다시 말해 우리는 비난을 내려놓아야 한다. 비난하는 대신 이렇게 말할 수 있다. "난 협조가 필요해서 속상해."

우리의 감정과 욕구를 상대에게 이야기한 뒤에는 욕구를 충족하기 위해 상대에게 구체적인 행동이나 마음과 마음의 연결을 위한 부탁을 한다. 가령 "한 시간 안에 떨어진 옷들을 주워줄 수 있겠니?"(구체적인 행동) 또는 "옷을 줍지 않는 이유가 따로 있는지 궁금하구나. 내게 말해줄 수 있겠니?"(연결 부탁)라고 부탁할 수 있다. 상대의 마음과 연결되기 위한 부탁은 호기심을 충족하고 더 많은 정보를 얻을 기회다. 행동을 부탁한다는 건 구체적으로 어떤 행동을 해달라고 자신과 상대에게 요구하는 것이다. 마음이 연결되기를 부탁한다는 건 상대와 내 생각이 같은지 알아보는 방편이다. 자신의 말이 상대에게 명확히 전달되었는지 확인하기 위해서는 상대에게 그들이 들은 말을 반복해줄 수 있는지 부탁할 수 있다. 이때 부탁은 상대에게 중요한 게 무엇이고 자신이 제대로 이해하고 있는지 물어보는 형태가 될 수도 있다. 이런 부탁을 통해 상대의 마음과 더 가깝게 연결되고, 상대의 마음속에 어떤 일이 벌어지고 있는지 더 명확히 알 수 있으며, 자기가 하려는 말을 상대가 제대로 이해했는지도 확인할 수 있다. 행동 부탁을 하는 단계로 가기 전에 이 과정을 거치면 도움이 될 때가 많다. 정리하면 비폭력대화의 기본 모델은 관찰, 느낌, 욕구, 부탁의 4단계로 되어 있다.

비폭력대화로 듣기 연습을 할 때 우리는 상대의 느낌과 욕구에 귀 기울인다. 그 느낌과 욕구가 자기 안에 일면 자기 공감을, 타인 안에 일면 공감을 하면 된다.

어떤 일로 불쾌한 느낌이 들면 자극을 일으킨 요소에 주의를 기울여보자. 그러기 위해서는 무엇이 불쾌한 느낌이 들도록 자극하는지 관찰하면 된다. 이런 식이다. "마이클은 어제 20분 지나서 회의에 도착했어⋯."

그러나 대개는 관찰한 내용을 빼고 단순히 이런 식으로 물어봐도 된다. "다른 사람의 협조가 필요해서 속상해?"

로젠버그는 이런 질문을 여러 차례 해야 할 수도 있다고 말한다. 아직 발견되지 않은 욕구가 더 있을 수 있기 때문이다. 그러고 난 뒤에는 자신의 욕구를 충족하면서 상대의 욕구를 배려하기 위해 제안해볼 수 있다. 가령 당신에게 지금 중요한 건 정리정돈이고 상대에게 중요한 건 휴식이라고 해보자. 당신은 아마 이렇게 말할 수 있을 것이다. "쉬면서 잠깐 눈이라도 붙일래? 그런 다음 함께 옷가지를 치우는 건 어때?"

물론 상대는 당신의 제안에 불만이 있어서 싫다고 할 수 있다. 그러나 이 과정을 따름으로써 우리는 자신과 상대 모두를 존중하게 된다. 자신의 제안이 상대의 마음에 들지 않는다면 편하게 다른 방법을 제안하면 된다. 아니면 상대에게 그들의 욕구나 관련된 모든 이의 욕구를 충족할 만한 해결책이 있는지 물어보면 된다. 평화로운 대화가 시작되었으니 우리는 이제 서로 무엇을 잘못했는지 지적하거나 비난하는 대신 욕구에 귀를 기울이고 그 욕구를 충족해줄 방법을 찾는 데 집중할 수 있다.

서로에 대한 부정적 생각이 아니라 양쪽의 욕구를 주제로 대화하다 보면 모두가 만족할 해결책을 찾는데 훨씬 더 가까이 다가간다.[4]

[1]   마셜 로젠버그, 〈비폭력대화〉, 한국NVC출판사, 2017.

[2]   위의 책.

[3]   위의 책.

[4]   비폭력대화에서는 훨씬 폭넓은 요소가 포함되어 있다. 여러분에게 이와 관련해 책과 온라인 강좌, 연습 모임 등을 알아볼 것을 추천한다. 비폭력대화는 단순히 한 과정을 일컫는 말이 아니다. 그 본질은 더 나은 세상을 만들기 위해 교감하고자 하는 마음이며, 현존을 비롯해 여러 원칙에 기반한다. 한국NVC센터 www.krnvc.org

✧

누군가와 갈등을 겪었던 때를 떠올려보고 당시 자신과 상대의 욕구
는 무엇이었는지 곰곰이 생각해보자. 그리고 양쪽의 욕구를 모두 충
족해줄 해결책이 있는지 한번 찾아보자.

21장

선택 vs. 굴복 또는 반항

"그 어느 체제에서도 당신을 반항 아니면 굴복이라는 양자
택일로 몰고 갈 힘을 주지 마십시오."

-마셜 로젠버그[1]

어떤 단체나 체제, 개인이 권위와 힘을 가지고 우리에게
수긍할 수 없는 일을 하라고 강요한다면 선택지는 두 가지
밖에 없는 것처럼 보인다. 굴복하거나 반항하거나.

굴복하는 경우에는 상대가 원하는 걸 마지못해 받아들이
거나 하던 일을 포기하게 된다. 거부할 경우 마주할 결과
가 두렵기 때문이다. 굴복 외에는 선택지가 없다는 생각이

바탕에 깔려 있다.

반항하는 경우에는 대개 말이나 행동이 생각보다 앞서는 상태가 되어 이미 엎지른 물을 후회하게 되어 자신의 행동에 대가를 치뤄야 할 때도 있다. 우리가 한 말이나 행동이 원하는 바를 이루는 데 도움이 되지도 않고 상대에게 힘을 더 실어 줄 때가 있다. 설령 이런 방식으로 무언가를 이룬 듯이 보일 때도 이면에는 분노와 고통이 있다. 반항은 최선의 결과를 가져오지도 않고 모두의 삶을 개선하지도 않는다.

간디와 마틴 루터 킹이 굴복하지도 반항하지도 않았다는 사실에 주목하자. 그들은 제삼의 선택지를 찾아냈다. 그들은 자기 의지대로 선택했고, 굴복하지도 반항하지도 않음으로써 대의를 외쳤다.

간디와 그를 따르는 이들은 시민 불복종 운동을 하며 자발적으로 가시밭길을 택했다. 고난 속에서도 평정을 잃거나 아힘사의 가치를 저버리지 않았다. 그들은 분노에 차서 반항하지 않았고 포기하거나 굴복하지도 않았다. 킹도 같은 방식을 따랐다.

두 지도자는 소망하는 일에 집중함으로써 대의를 외칠 수 있었다. 그들은 부당한 체제를 거부하고 주체성과 권리를 추구하는 길을 선택했다. 간디의 소금 행진이 여기에 속한다. 당시 간디를 비롯해 수많은 인도인이 영국 법에 저항하며 바닷물로 소금을 만들었다.

킹은 그의 가장 격렬한 반대자에게 이렇게 말했다.

"우리는 고통을 가하는 당신의 능력에 고통을 견디는 능력으로 맞설 겁니다. 당신의 물리적 힘에 영혼의 힘으로 대항할 겁니다. 우리에게 함부로 굴어도 우리는 계속해서 당신을 사랑할 겁니다. 우리는 양심상 당신의 부당한 법을 따를 수 없습니다. 악에 협력하지 않는 것은 선에 협력하는 것만큼이나 중요한 도덕적 의무이기 때문입니다."[2]

킹은 상대를 사랑하고 평정을 잃거나 반항하지 않겠다는 자신의 선택을 고수했다. 그는 저항과 영혼의 힘으로 창의적인 방법을 찾겠다고 다짐했고 절대 굴복하지 않았다.

그는 어떤 역경이 닥쳐도 자신의 선택과 가치관, 진실성, 사랑을 지키기 위해 온 힘을 다했다. 그는 이어서 이렇게 말했다.

"우리를 감옥에 넣으십시오, 그래도 우리는 당신을 여전히 사랑할 겁니다. 자정 무렵 우리가 사는 곳에 두건을 쓴 하수인을 보내서 우리를 반죽음으로 만들고 싶으면 그렇게 하십시오. 그래도 우리는 당신을 여전히 사랑할 겁니다. 하지만 묵묵히 견디는 힘으로 우리가 당신을 서서히 무력하게 만들리라는 점만은 알아두십시오. 언젠가 우리는 자유를 쟁취하겠지만 그건 우리만을 위해서가 아닙니다. 우리는 당신의 가슴과 양심에 호소하면서 당신의 마음을 얻을 것이기 때문에 우리가 거둔 승리는 그로써 두 배가 될 겁니다."[3]

킹이 의도적으로 선택한 길은 사랑하는 마음을 잃지 않으면서 대의를 외치는 한편 자신에게 반대하는 이들을 가슴에 품어 안는 것이었다. 킹은 모두가 만족할 새로운 합의에 함께 도달하고 '가슴과 양심에 호소함으로써' 상대를 변화시킬 수 있기를 바랐다.

자기 의지대로 선택한다는 건 우리 안의 깊은 욕구와 가치관을 존중하고 자아가 아니라 마음의 눈으로 볼 수 있다는 뜻이다.

우리는 내면의 소리를 듣고 대응 방안을 선택하게 되는데 우리의 결정과 행동을 인도해줄 힘도 내면에서 찾는다. 상대나 체제에 주체성을 넘겨주지 않고 들고일어나 목소리를 내고 우리의 길을 가는 것이다. 신중히 결정할 때 우리는 충만한 삶을 살게 되고, 자신과 타인에게 솔직해질 뿐 아니라 다정하고, 강하고, 공감 능력이 생기고, 적극적이고, 차분하면서도 단단해진다.

1   마셜 로젠버그가 워크숍에서 이 말을 하는 것을 들었다. 로젠버그는 워크숍에 참석해서 강연할 때 자주 이 말을 했다.

2   마틴 루터 킹, 〈사랑의 힘〉, 예찬사, 1987.

3   위의 책.

자극을 받고 갈등에 있거나 또는 내 욕구를 주장할 때 반항이나 순응하지 않고 어떻게 선택을 할 것인지 생각해보라. 시련이 닥쳤을 때 어떻게 하면 흔들리지 않고 자신의 가치관과 선택을 따를 수 있을까?

22장

힘이 되는 취약성

"우리의 가족과 우리가 속한 문화는 고통을 겪고 있다고 인정하는 취약성이 곧 나약함이라고 여긴다. 그리고 우리는 취약성을 내보이는 대신 화내고 분노하고 부인하라는 조건화를 받았다. 그러나 이제 우리는 감정을 부인하면 오히려 감정이 우리를 옭아맨다는 사실을 안다. 우리의 감정을 인정할 때만이 우리는 다시 일어서 아픔을 헤쳐 나갈 길을 발견할 수 있다."

-브레네 브라운Brene Brown, <진정한 나로 살아갈 용기>

취약성은 우리가 찾아 헤매거나 가지고 싶어하는 종류의 특성이 아니다. 그건 우리에게 두렵고 불편한 감정을 주고 위험해 보이기조차 한다. 어떤 사람은 취약성이 약점이라고까지 말한다.

남자아이들은 '울지 않는다'고 배운다. 아들이 넘어져서 무릎이 깨지는 장면을 본 아버지가 아들을 다독이는 대신 씩씩하게 일어나도록 강요하는 일은 흔히 볼 수 있다. 아버지는 아마 이런 투로 말할 것이다. "남자가 되는 법을 배워야지. 이런 것쯤은 참고 견딜 줄 알아야 해." 그러나 같은 아버지라도 딸이 그랬다면 곧장 달려가서 괜찮은지 물어볼 것이다.

어릴 때부터 남자아이는 감정을 드러내는 일이 용납되지 않고 그런 건 나약함의 징표라고 배운다. 반면 많은 여자아이는 타인의 욕구를 돌봐야 한다고 배운다. 여자아이가 오빠보다 어린 나이에 집안일을 돕고 요리하는 모습은 어렵지 않게 볼 수 있는데 응당 그래야 한다고 여겨진다. 여자아이는 타인의 욕구가 더 중요하며 자신의 욕구는 아무래도 된다거나 억눌러야 한다는 메시지를 받을 때가 많다.

우리 중 일부는 취약성이 드러났을 때 조롱받거나 놀림당한 적이 있을 것이다. 그렇기에 취약성을 받아들이고 자신을 드러내야 한다는 생각에 움츠러들 수도 있다. 어쩌면 두려운 마음이 커서 용기를 내서 시도하기 전에 안전하다는 느낌이 필요할 수도 있다.

우리는 속마음을 내보이는 대신 소극적으로 행동하며 감정과 욕구를 억누르는 길로 빠져들기도 한다. 때로 이런 패턴은 시간이 흐르며 분노로 이어진다. 이 지점에 이르면 우리는 폭력을 사용하며 타인에게 힘을 휘두르는 게 유일한 해결책이라고 생각할 수 있다.

디트로이트 라이언스의 미식축구 선수이자 〈다 큰 남자도 운다Even Big Guys Cry〉의 저자인 알렉스 카라스는 이렇게 말한다. "불안감을 감추려 할 때보다 드러내려 할 때 더 많은 용기가 필요하다. 사람들을 지배하려 할 때보다 그들에게 공감하려 할 때 더 큰 힘이 필요하다. 욱하며 반응할 때보다 심사숙고해서 결정한 원칙을 지키려 할 때 더 남자다움이 필요하다. 강인함은 근육과 미성숙한 사고가 아니라 영혼과 정신에서 나온다."[1]

나는 여러 경험을 겪으며 취약성이 약점이 아니라고 믿게 되었다. 한번은 내게 무슨 문제가 있다는 걸 알아챌 만한 장면을 동료가 포착했다. 동료는 내게 괜찮은지 물었고, 나는 그 상황에서 배려받기 원해서 마음이 상했다고 털어놓았다. 동료는 내 말에 귀 기울여주었고 그 자리에 나와 함께 있으면서 공감해주었다. 몇 시간 뒤 그는 내게 점심으로 샌드위치를 주었다. 그날 점심을 챙겨오지 않았던 나는 그의 세심한 배려에 금세 행복해졌다. 나는 고마움을 느꼈다. 그리고 배려받기 원하던 내 욕구는 그의 행동으로 충족되었다.

어렵사리 상대에게 마음을 터놓았을 때 대다수는 공감과 배려를 보여주었다. 나서서 도와주겠다고 한 적도 많았다. 아마 사람들이 타인의 행복에 도움이 되고 싶어 하기 때문일 것이다. 누군가 힘든 일을 겪고 있다는 사실을 알면 사람들은 자연스레 그에게 도움과 힘이 되어 주고 싶어 한다. 취약할 때 우리는 감춰져 있던 우리 내면의 인간적인 모습을 드러낸다. 대다수 사람은 비슷한 경험이 있을 것이기에 우리를 이해한다.

취약성은 자신에게뿐 아니라 타인에게도 솔직해지고 자신을 드러낼 수 있는 용기를 갖는 것이다. 그건 우리에게 실제로 벌어지고 있는 일이 무엇인지 속마음을 털어놓게 해주는 힘이기도 하다. 이렇게 할 때 상대도 우리에게 쉽게 공감한다.

취약성을 타인에게 내보이는 연습을 할 때 핵심은 먼저 자신의 감정과 욕구를 알아차리고 인정하는 것이다. 불안감을 드러내려면 마음 한구석에 그래도 괜찮다는 안정감을 느껴야 한다.

사람들에게 단순히 "다른 쪽 뺨도 내밀어라."라고 말한다면 그들은 용감해지기는커녕 잔뜩 겁을 집어먹거나 화를 낼 것이다. 안정감을 느끼지 못하는데 취약해지라고 하면 그 말을 끝까지 따르겠다고 마음먹기 힘들다. 무엇이 자신에게 중요한지 투명하게 눈에 들어오고 속마음을 내보일 수 있게 되었을 때 취약성과 용기를 행동으로 옮기면 된다. 그러면 두려움에 움츠러드는 일을 피할 수 있다.

간디와 마틴 루터 킹은 취약성을 힘으로 바꿀 창의적인 방법을 찾아내서 그 힘으로 폭력에 대항하는 방법도 썼다. 비슷한 예로 월터 윙크는 통학버스 안에서 자기를 괴롭히던 아이와 맞선 한 남자아이 이야기를 한다. "그 아이는 몸이 가냘퍼서 훨씬 덩치가 큰 못된 녀석에게 상대가 안 되었습니다. 그렇지만 그 아이에게는 강점이 될 만한 약점이 있었지요. 바로 만성 축농증이었습니다. 하루는 못된 녀석의 행동에 몹시 화가 난 나머지 그 아이는 오른손에 코를 팽하고 크게 풀고는 숙적을 향해 다가갔습니다. 그리고 손을 내밀면서 이렇게 말했지요. '너처럼 진짜 못된 녀석과 악수 한번 해보고 싶어.' 그 못된 아이는 눈이 휘둥그레진 채로 뒤로 물러나더니 자리에 앉았습니다. 그리고 그날로 그 아이의 못된 짓도 끝났지요. 축농증은 최종 병기였습니다. 게다가 언제든 쓸 수 있기까지 하지요!"[2]

그 아이는 상황을 타개하기 위해 용기와 창의력을 발휘하고 취약성을 드러냈다. 간디는 함께 일하는 사람들이 용기가 있기를 바랐는데, 한때 군인이었던 사람이 비폭력을 실천하는 데 어떤 장점이 있는지 언급했다. 간디의 추종자들은 폭력에 비폭력으로 대응하고, 심지어 자기 목숨도 버릴 수 있을 만큼 취약해져야 했다. 그러기 위해서 그들은 용기와 힘을 길러야 했다.

무언가를 전심전력으로 믿는다면 간디나 킹처럼 자기 견해를 확고히 주장하고 취약성을 드러낼 용기를 얻는 게 한결 쉬워진다. 그렇게 되면 우리는 내면의 힘과 목소리를 되찾고 우리가 무엇을 느끼는지, 무엇을 중히 여기는지를 흔쾌히 표현하게 된다.

1   Alex Karras. <Even Big Guys Cry>, Signet, 1978.

2   월터 윙크. <The powers that Be: Theology for a New Millennium>. New York; Random House, 1998, 119.

✧

어떻게 하면 삶에서 취약성을 드러내는 연습을 할 수 있을까?

23장

행동에 나서기

"악을 수수방관하는 사람은 악을 저지르는 사람만큼이나 악에 인루되어 있습니다. 악에 항의하지 않고 이를 용인하는 사람은 악에 협력하는 것이나 다름없습니다."

-마틴 루터 킹, <자유를 향한 대행진Stride Toward Freedom>

비폭력을 실천한다는 건 단지 해를 가하지 않는 것을 넘어 모든 생명을 보호하겠다는 다짐이다. 모두의 행복을 위하겠다는 다짐이다. 또한 도움이 필요한 사람을 지나치지 않고 필요할 때는 나서서 행동한다는 의미이기도 하다.

그러나 사람들은 자주 다른 길을 택한다.

1964년 뉴욕 시 퀸스에 사는 서른여덟 명의 준법 시민

이 한 남자가 여자를 30분 동안 세 차례에 걸쳐 칼로 찌르는 장면을 방관했다는 보도가 있었다. 아파트 거주민 다수가 불을 켰고 그 가운데 한 명은 실제로 "그 여자를 내버려 둬!"라고 외쳤다고 한다.

그 남자는 떠났다가 다시 돌아와서 캐서린 제노비스 Catherine Genovese를 두 번째로 찔렀다. 다시 불이 켜졌고 거주민들은 제노비스의 비명을 들었다. "오, 세상에! 이 사람이 날 찔렀어요! 도와주세요! 절 좀 도와주세요!"

가해자는 자신의 승용차를 타고 떠났다가 얼마 지나지 않아 다시 돌아왔다. 제노비스가 아파트 안으로 비틀거리며 들어가려는데 가해자가 다시 칼로 그녀의 목숨을 앗아갔다. 그러는 동안 30분이 흘렀지만 단 한 명도 경찰에 전화하지 않았다. 목격자 한 명이 제노비스가 숨진 뒤에야 알렸다. 경찰은 그로부터 2분 뒤에 도착했다.(이 사건은 많은 사람에게 충격을 안겼고 '제노비스 신드롬'이라는 말까지 만들어냈지만 〈뉴욕타임스〉에서 보도한 내용이 왜곡되었다는 주장이 제기되었다. 이에 따르면 목격자가 기사와는 달리 훨씬 적었고, 그 가운데 두 명은 경찰에 신고했다고 한다. 그녀를 도와주러 나온 이웃도 있었다고 한다. 이 이웃에 관해서는 저자가 잠시 뒤에 다룬다. 〈뉴욕타임스〉는 2016년 오보를 인정하는 기사를 냈다-옮긴이)[1]

아이를 학대하는 부모, 아내를 구타하는 남편, 성추행하는 사람, 다른 사람을 괴롭히는 사람, 반려동물을 학대하는 사람을 목격하고도 피해자에게 손을 내밀지 않는다면 우리는 자신의 인간성 일부를 잃는다.

최근에 제노비스 사건에서 보도되지 않았던 새로운 사실이 알려졌다.

사건 이면의 복잡한 진실이 밝혀지는 데는 수십 년이란 세월이 걸렸다. 당시 알려지지 않은 사실 중 하나는 제노비스의 이웃 한 명이 사실 제노비스를 구하러 달려나갔다는 것이다. 그 이웃은 제노비스가 위험에 빠졌다는 점만 알았을 뿐 범인이 여전히 사건 현장에 있는지는 모르는 상태였다.

숨은 영웅인 그 이웃의 이름은 소피아 파라르라는 여성으로, 제노비스가 누워서 피 흘리는 동안 그녀를 안고서 구급차가 오고 있다고 속삭였다. 소피아 파라르는 2020년 8월 28일 뉴저지 주 맨체스터에 있는 자택에서 눈을 감았다. 사망 당시 그녀의 나이는 92세였다.[2]

파라르는 망설이지 않고 연민을 가지고 행동했고 제노비스를 도왔다. 다른 사람들은 비록 그녀처럼 대응하지 않았지만 파라르는 우리가 그렇게 할 수 있다는, 결정적 순간에 발 벗고 나서서 타인을 돕기로 선택할 수 있다는 점을 상기해준다.

때로 우리는 누군가가 본보기가 되어 어려움에 처한 이웃을 돕는 태도를 보여주기를 바란다. 세상에는 연민을 실천하는 사람이 더 많이 필요하다.

전직 하원의원이자 민권운동 지도자인 존 루이스는 이렇게 적었다. "오늘날의 많은 젊은이처럼 나도 탈출구를 찾아 헤맸습니다. 어떤 사람은 그걸 더 나은 세계로 통하는 입구라고 부를지도 모르겠군요. 그리고 그때 오래된 라디오에서 마틴 루터 킹 목사의 목소리를 들었습니다. 그는 비폭력 철학과 수련법을 이야기했지요. 그는 부당함을 용인하면 우리가 부당함에 동참한 셈이라고 말했습니다.

그는 곧 나아지리라고 말하는 것으로는 충분치 않다고 했습니다. 우리 한 명 한 명에게 저항하고 소신대로 말하고 목소리를 높여야 할 도덕적 의무가 있다고 했습니다. 옳지 않은 것을 보면 지적해야 합니다. 행동에 나서야 합니다. 민주주의는 상태가 아닙니다. 민주주의는 행동입니다. 우리가 사랑하는 공동체, 다시 말해 평화로운 국가와 세계 사회를 만드는 데 일조하기 위해서는 각 세대가 자신에게 맡겨진 역할을 다해야만 합니다."[3]

부당한 일이 벌어졌을 때 당신의 눈과 귀가 항상 깨어 있기를 바라며, 용기와 존중, 배려심을 가지고 당신의 도움이 필요한 사람에게 갈 수 있기를 바란다.

1   Martine Gansberg. <37 Who Saw Murder Didn't Call Police: Apathy of Stabbing at Queen Woman Shocks Inspector>. Article appeared in New York Times, 1964.

2   Sam Roberts. <Sophia Farrar Dies at 92; Belied Indifference to Kitty Genovese Attack>, Article appeared in New York Times; September 4, 2020, Section A, page 24.

3   미국 연방 하원의원이자 민권운동 지도자인 존 루이스는 2020년 7월 17일에 눈을 감았다. 사망 직전에 그는 에세이를 썼는데 그 글은 그의 장례식 날 〈뉴욕타임스〉에 게재되었다.

자발적으로 행동에 나섰을 때 무엇이 그리하도록 힘을 주었는가? 어려움에 빠진 사람을 돕지 못하게 무언가가 막은 적이 있었는가? 행동에 나설 가능성을 높이기 위해 할 수 있는 특별한 일이 있을까? 무언가에 유달리 속상했음에도 대처에 나서지 않은 적은 없는가? 만약 그렇다면 상황을 바로잡기 위해 할 수 있는 한 가지 행동이 무엇인지 생각해볼 수 있는가?

24장

상호 의존

> "우리가 모든 사람과 연결되어 있다는 사실을 깨닫는다면
> 연민 어린 행동을 하는 건 그저 자연스러운 일일 뿐이다."
>
> -레이첼 나오미 레멘Rachel Naomi Remen

마틴 루터 킹 목사는 우리가 상호 의존하고 있고 모두 연결되어 있다는 사실을 깨닫지 않는 한 평화를 이룰 수 없다고 믿었다.

그는 이렇게 말했다. "모든 생명은 서로 밀접한 관계를 맺는다. 우리는 벗어날 수 없는 상호관계망에 걸려 있는데, 관계망의 씨실과 날실이 짜이면 운명이라 불리는 하나의

옷이 된다. 무엇 하나에 직접적인 영향을 주면 모두에게 간접적으로 영향이 간다. 우리는 서로 밀접하게 연관된 현실 구조 때문에라도 함께 어울려 살아야 한다. 잠시 멈춰 서서 전 세계 사람에게 의존하지 않고는 아침에 출근할 수조차 없으리라는 사실을 생각해본 적이 있는가? 우리는 아침에 일어나서 욕실로 간 뒤 샤워용 스펀지에 손을 뻗는다. 바로 태평양 섬 주민이 건네준 것이다. 우리는 비누를 집어든다. 비누가 집에 있는 건 프랑스인 덕택이다. 우리는 이제 주방으로 가서 모닝 커피를 마신다. 이 커피에는 남미 사람의 노고가 배어 있다. 어쩌면 커피 대신 차를 원할지도 모르겠다. 그렇다면 그 차는 중국인이 부어준 것이다. 아침으로 코코아를 마시고 싶다면 서아프리카인의 덕을 보는 것이다. 그러고 나서 식사로 토스트를 먹는다면 제빵사는 말할 것도 없고 농부가 땀 흘린 덕택이다. 이런 식으로 우리는 아침 식사를 끝내기도 전에 전 세계의 절반이 넘는 국가에 의존한다. 우리가 사는 세계의 구조가 이렇게 짜여 있다. 이 세계는 이렇게 상호 연관된 특성이 있다. 지구상에 평화를 이루기 위해서는 모든 현실이 이렇게 상호 연관된 구조로 되어 있다는 기본 사실을 알아야 한다."[1]

서로서로가 연결되어 있어서 우리가 하는 행동과 내린

결정이 모두에게 영향을 미친다는 사실을 깨달으면 우리는 한배를 탔다는 점을 이해한다. 이 점이 모두를 사랑하고, 비폭력을 실천하고, 삶을 풍요롭게 해야 하는 이유다.

비폭력을 실천한다는 건 이러한 통찰에 계속해서 연결하고 연민의 흐름과 함께한다는 뜻이다. 우리가 하는 행동이 타인에게 영향을 미치고 타인의 행동이 우리에게 영향을 주기에 우리는 모두가 옳은 방향으로 향하도록 조심스레 줄을 당겨야 한다.

월터 윙크는 부당한 처우에 질린 나머지 그런 일이 발생할 때마다 힘을 합쳐 서로를 돕기로 한 간호사 이야기를 한다. 그는 말한다. "캐나다 서스캐처원 주에 있는 한 병원의 간호사들은 의사들의 윽박질과 환자 앞에서 무시하는 태도에 진절머리가 난 상태였다. 간호사들은 함께 머리를 맞댔고 계획을 세웠다. 그들은 그들을 측은히 여기던 관리부서로 가서 '분홍색 경보' 체계를 만들었다. 의사가 간호사를 괴롭히면 구내방송으로 경보가 전달되는 식이었다. 그런 상황이 벌어지면 병원 곳곳에 퍼져 있던 간호사들이 문제의 현장으로 모여들었다. 간호사들은 서로 손을 맞잡은 채 의사를 둘러싸고 그의 다음 행동을 기다렸다. 의사는 가장 약해 보이는 간호사를 알아보고 그리로 달려들었다. 그러나 그를 둘러싼 원은 단지 모양만 바뀌었을 뿐이다. 의사는 다른 쪽도 시도해보았으나 결과는 마찬가지였다. 마치 아이들 놀이인 레드 로버(지명된 아이가 서로 손을 잡거나 팔짱 낀 상대편 아이를 뚫고 반대쪽으로 넘어가는 놀이-옮긴이)를 보는 듯했다. 원은 아메바처럼 의사의 움직임에 따라서 형태만 달라졌다. 결국 의사들은 기세가 꺾였고 간호사들이 준 교훈을 순순히 받아들였다."[2]

서로 연결되었다는 사실을 인정할 때 우리는 타인을 돕고 삶을 풍요롭게 만드는 방식으로 반응한다. 함께 손을 잡고서 서로 끌어당겨 긴장을 유지하면서 의사를 붙잡아둠으로써 간호사들은 자신들이 처한 상황과 환경을 바꿔놓는 결과를 이끌어냈다.

우리가 어려움에 처한 타인을 보면 행동에 나서고 부당한 일이 일어났을 때 침묵하지 않기를 바란다. 마틴 루터 킹은 "옳은 일을 하는 데 적합한 때가 따로 있는 게 아닙니다."라는 말로 우리를 다시 한번 일깨워준다.[3]

1   Martin Luther King Jr. <A Third Way>. Minneapolis; Fortres Press, 2003, 32.

2   월터 윙크, 〈예수와 비폭력 저항〉, 한국기독교연구소, 2003.

3   마틴 루터 킹이 1965년 오벌린 칼리지 졸업 연설에서 한 말.

Practice

누군가가 우리의 삶에 그리고 우리가 누군가의 삶에 어떤 식으로 영향을 주었는지 곰곰이 생각해서 적어보자. 당신이 사는 곳부터 당신이 무엇을 하는지까지 온종일 얼마나 많은 사람이 자신의 욕구를 충족하는 데 관여되는지 관심을 기울여보자. 얼마나 많은 사람이 당신이 한 말이나 행동에 영향을 받는가? 영향을 받는 건 사람만이 아니다. 동물, 식물, 땅, 공기, 물, 통치 체제 등 자신의 영향이 닿은 모든 것을 목록에 넣어보자.

25장

사회화

"신기한 역설은 내가 나 자신을 있는 그대로 받아들일 때 비로소 내가 변화할 수 있다는 사실이다."

-칼 로저스Carl Rogers, <진정한 사람되기On Becoming a Person>

사회는 대중 매체나 다른 수단을 이용해서 많은 메시지를 퍼뜨린다. 문화와 가정 교육, 또래 등의 경로로 이런 정보가 우리에게까지 들어온다. 따라서 잘못된 메시지를 믿고 따른다면 우리는 착각의 바다에 빠져 길을 잃는다. 보통 우리는 거울로 비춘 듯 사회와 판박이가 된다.

사회는 사람이 모인 집단이다. 그 집단은 수천 명이 될 수도, 자신과 어울리는 소수만을 일컬을 수도 있다. 베일에 가려진 사회도 있다. 얼마나 많은 사람이 포함되는지, 얼마나 비밀스러운지와 상관없이 그 영향력은 모두 강력하다. 대개 우리는 함께 어울리는 사람들 혹은 동일시하는 사람들과 닮아간다. 이 과정을 보통 '사회화'라고 부른다. 우리의 정체성은 우리를 둘러싼 주위 사람과 우리가 듣고 보면서 얻는 메시지로 형성된다.

영화 〈매트릭스〉에서 주인공인 네오는 자기가 가진 기억과 자기 삶에서 일어났던 사건이 전부 진짜가 아니었다는 사실을 깨닫는다. 그는 혼란에 빠진다. 그의 과거 정체성은 매트릭스(컴퓨터가 만든 가상 세계로 그가 살았던 곳)의 영향을 받아 형성되었기 때문이다. 그는 과거를 회상하며 묻는다. "이게 대체 무슨 의미지?"

그를 안내하는 트리니티는 통찰력이 돋보이는 대답을 한다. 그녀는 그가 누군지 매트릭스가 말할 수도 정의할 수도 없다고 말한다. 이 진실은 우리에게도 적용된다. 우리가 누구인지 그 누구도, 우리가 몸담은 사회조차도 말해줄 수 없다. 사람들, 우리의 또래들, 광고인들, 지식인들, 부모들, 권위 있는 인물들이 시도하려 할 테지만 결국 우리는 우리가 되기로 선택한 사람이 된다. 그러나 불행히도 많은 이들이

맹목적으로 주어진 메시지를 꼭두각시처럼 따르면서 사회의 모습을 그대로 반영한다.

우리가 특정한 모습을 하도록 또래와 가족, 사회가 영향을 미치기에 우리는 종종 다양한 사람을 기쁘게 하려고 가면을 쓴다. 여기서 위험한 점은 다른 사람이 생각하는 자신의 모습이 곧 자신이라고 착각하면서 자신의 진짜 모습과 자기가 진정 바라는 모습은 잊힐 수 있다는 사실이다. 우리는 더 많이 갈망하는 상태로 남겨지고 자신을 온전히 받아들일 때 오는 자유에서는 점점 멀어진다.

미국의 신학자인 프레데릭 비크너는 타인을 기쁘게 하고 사회가 제시하는 이상에 맞춰 살려고 하는 비극의 과정에서 빚어진 결과를 이렇게 설명한다. "원래 있었던 반짝이던 자아가 너무 깊이 묻혀 버린 나머지 대다수 사람은 그 자아의 모습대로 살지 못한다. 대신에 우리는 그 자아가 아닌 다른 모습으로만 산다. 그리고 세상의 변화하는 날씨에 맞춰서 코트나 모자처럼 걸쳤다 벗었다 한다."[1]

무리에 속하기 위해서 자신의 일부를 죽인다면 우리는 자신에게 폭력을 가하면서 깊은 연민을 보이지 않는 것이고, 비폭력의 길에서도 벗어난 것이다. 우리 영혼에 내재한 진실을 따라 살려면 때로는 진정한 모습을 지키기 위해 무리에 속하고 싶은 갈망을 버릴 각오를 해야 한다. 이러한 위험을 감수한다면 어쩌면 우리는 결국에 가서 더 넓고 깊은 소속감을 느낄 것이다. 인류, 자연, 우주와 동일성을 느낄 것이다.

1   Frederick Buechner. <Telling Secrets>, New York, 1991, 45.

대중 매체, 문화, 또래들, 지식인들, 코치들, 가족 등 자기가 사회로부터 어떻게 영향을 받았는지 생각해보자. 그로 인해 대가를 지불해야 했는가? 맞지 않는 옷 같은 삶의 요소 가운데 바꾸기 위해서 노력 중인 것이 있는가? 비폭력을 실천하는 데 타인의 메시지가 어떤 식으로 도움이나 방해가 되었는가?

26장

후회, 애도, 변화

"우리가 더 나은 사람이 되려고 애쓰면 우리 주변의 모든 것
도 더 나아진다."

-파울로 코엘료, 〈연금술사〉

어떤 행동을 하고 나서 후회하거나 양심의 가책을 느껴
본 적이 있을 것이다. 죄책감은 나쁜 게 아니다. 그건 우리
가 가치 체계에서 벗어나는 일을 했을지 모른다고 알려주
는 알람과 같다. 죄책감에 주의를 기울이고 그걸 제대로 극
복해낼 수 있다면 우리는 변화하고 탈바꿈한 것으로 한 단
계 발전한 것이다.

문제는 죄책감이 수치심으로 바뀌었을 때다. 수치심이라는 감정은 죄책감을 제대로 마주하지 않은 결과다. 죄책감을 극복하지 않을 때는 우리가 한 행동이 자신이라고 정의하도록 내버려두는 것과 같다. 수치심은 자기 판단과 '~해야만 한다'는 말들을 불러들인다. 우리는 자책하기 시작한다. 그게 변화를 위해 동기를 불어넣는 방법이라고 사회가 우리에게 가르쳐왔기 때문이다.

그렇다면 이 덫에서 벗어나려면 어떻게 해야 할까?

'해야만 한다'는 말 알아채기

죄책감이나 수치심을 느낄 때 우리가 자신에게 어떤 '~해야만 한다'는 말을 하는지 알아차리는 것이 시작이다. 다른 사람이 주위에 있는데도 언제나 큰 소리로 말하고 문을 쾅쾅 닫고 다니는 사람이 있다고 해보자. 그런 행동을 한 뒤에 그는 자신에게 '책임감 있게 행동해야만 해'라든지 '다른 사람을 존중해야만 해' 또는 '타인을 배려해야 해'라고 말하면서 자책을 한다. 보통 이런 상태가 진행되면 '나는 무책임해', '나는 멍청이야' 또는 '나는 배려심이 없어' 같은 도덕주의적 판단을 한다. 이렇게 할 때 우리는 수치심을 느끼고 우울에 빠진다.

우리는 우리가 삶에서 실천하고자 하는 가치관에 연결될 때 고통에서 벗어나기 시작한다. 우리는 우리에게 중요한 가치와 동떨어진 삶을 살면 괴로움을 느낀다. 그렇게 되면 자신을 비난하고 판단한다. 수치심을 눌러 덮어두면 분노나 폭력으로 터져나와 폭력의 순환이 계속될 뿐이다. 반면 수치심을 직시하면서 후회나 애도로 다루는 한편 경험에서 배워서 다른 선택을 할 수 있을 때 비로소 폭력의 순환을 깰 가능성이 커진다. 피하려 하는 대신 우리는 내면으로 파고들어 이렇게 물어볼 수 있다. 내 마음이 가장 원하는 것이 무엇일까? 내가 실천하고 있지 않은 가치는 무엇일까? 이런 질문은 우리가 문제의 근원에 다다르게 도와준다. 우리는 그렇게 함으로써 긴장을 풀고 삶의 흐름에 좀 더 자신을 내맡기게 된다.

실행에 옮기기

무언가를 '해야만 한다'거나 '해서는 안 된다'고 생각했던 상황 또는 자기가 '못됐다'거나 자기 행동이 잘못되었다고 판단했던 상황을 떠올려보자. 그리고 자기가 내렸던 판단과 '해야만 한다'고 생각했던 것을 적어보자.

그런 다음 자신의 상황을 가장 잘 나타내는 말에 동그라미를 쳐보자. 동그라미 친 '해야만 한다'는 말을 가지고 자기가 중요하게 생각하지만 행동에서는 잘 드러나지 않았던 가치나 욕구가 무엇인지 알아보자. 여기에서 욕구는 자신에게 중요하고 마음속으로 원했지만 충족되지 못한 것을 의미한다. 쉬운 작업은 아니다. 왜냐하면 대다수 사람은 욕구와 관련된 어휘에 약하기 때문이다. 부록 C에 있는 욕구 목록을 활용하기를 권한다. 처음 시작할 때는 충족되지 않은 욕구를 스스로 찾아내기보다 욕구 목록을 사용하는 게 수월하다.

충족되지 않은 욕구를 곰곰이 되씹기

충족되지 않은 욕구를 발견하고 그 욕구를 떠올리는 순간 어떤 느낌이 드는지 곰곰이 생각해보자. 부록 B에 있는 느낌 목록을 참고해도 좋다.

슬픔, 후회, 회한, 실망, 비통 같은 느낌이 든다면 치유를 향한 길로 들어선 것이다. 로젠버그는 이때 느끼는 슬픔을 가리켜 '달콤한 고통sweet pain'이라고 부른다. 왜냐하면 우리

는 욕구 혹은 가치의 아름다움에 닿아 있음과 동시에 우리
의 삶이 이 욕구와 어긋난 방향으로 가고 있거나 삶에서 그
욕구를 실현하지 못하고 있음을 자각하는 데서 오는 고통
을 느끼기 때문이다. 달콤한 고통은 삶에서 그 욕구를 더
많이 경험하고 싶다는 바람과 연결되어 있기에 변화를 불
러온다. 달콤한 고통에 연결되고 거기에 이름을 붙여주면
우리는 그걸 받아들여 마음속에 그 작용을 그려보며 우리
삶 안으로 가져올 수 있다.

긍정적 동기 찾아내기

다음으로는 우리가 무언가를 하기로 선택했을 때 어떤
욕구를 충족하고자 했는지에 초점을 맞추어 본다. 만약 지
각을 했다면 그건 늦게까지 자면서 쉬고 싶다는 욕구를 충
족하려 했기 때문일 것이다. 어쩌면 누군가를 돕느라고 늦
었는지도 모른다. 이럴 때는 타인을 돕고 싶다는 욕구를 충
족하려고 했기 때문이다.

자신의 긍정적 동기는 무엇이었는가?

비폭력대화에서는 우리가 하는 모든 행동이 그 순간 어
떤 욕구를 충족하기 위한 시도라고 믿는다. 이러한 욕구 자

체는 우리가 충만한 삶을 살게 해주는 특성 혹은 가치다. 그러나 욕구를 충족하기 위해 우리가 선택하는 방법은 비극적일 수 있다.

자신의 행동이 어떤 욕구를 충족하려 했는지 생각해보자. 어떤 느낌이 드는가? 지금이 당시 그러한 행동을 하기로 선택한 자신의 일부를 공감해줄 기회다. 이런 시도는 분노를 떠나보내도록 도와준다.

어쩌면 당시 자신의 선택이 최선이었을 수도 있다. 그런데도 자신의 행동이 후회스럽다면 이 과정은 당시 왜 그런 선택을 했는지 이해를 도울 것이다. 그러면 과거에 선택했던 자신의 일부와 화해하고 앞으로 나아갈 수 있다.

마지막 단계에서는 앞으로 어떻게 다르게 행동할지 결정하고 자신과 약속하게 된다. 행동 방침이 구체적일수록 다짐을 지킬 가능성이 높다.

후회되는 행동을 했을 때 이런 단계를 밟아 나가면 자기를 향한 분노를 털어내고 긍정적 방향으로 나아갈 수 있다. 비폭력대화에서는 이 과정을 애도(자신의 느낌과 욕구를 찬찬히 느껴보고 이를 충족하기 위해 발을 내디디는 과정)라고 부른다. 진정으로 욕구에 닿아 있을 때 우리는 선악을 뛰어넘는다. 그리고 '잘못'을 저질렀다는 이유로 자신을 자책하려는 생각이 사라지기 시작한다. 우리는 판단이라는 딱딱한 에너지에서 후회와 자기이해, 자기수용이라는 부드러운 에너지로 넘어간다.

이 과정을 겪고도 어떤 이유에서인지 변화를 경험하지 못하고 여전히 죄책감이나 수치심에 시달린다면 비폭력대화 트레이너의 도움을 받아서 이 과정을 진행해도 된다. 그들이 이 과정을 헤쳐 나가도록 도움을 줄 것이다. 홀리 미셸 에커트Holly Michelle Eckert가 쓴 책〈죄책감 졸업하기Graduating From Guilt〉나 리브 라르손Liv Larsson의 책〈분노, 죄책감, 수치심Anger, Guilt and Shame〉을 읽어보는 것도 좋다. 비폭력대화 워크숍 참가자를 대상으로 이 과정을 밟아 나간 사람들의 다양한 예시를 에커트의 책에서 볼 수 있다.

애도를 삶에 접목하여 내면과 연결됨으로써 배우고 성장하고 후회를

극복할 수 있기를 바란다. 후회하는 행동이 아직 있고 거기에 애도하

고 싶은가? 앞서 나온 과정을 밟아 나가자.

27장

시련

> "너에게 지혜를 보여주는 것이라면 무엇이든 축복해라. 너에게 지혜를 보여주는 것들은 모두 너의 일부가 되었단다."
>
> -레이첼 나오미 레멘, 〈할아버지의 기도〉

대개 고통과 괴로움, 시련을 달라고 청하는 사람은 없다. 하지만 고난이 밀려오더라도 고통이 주는 선물이 있다는 사실에 우리는 약간의 위안을 받는다. 그 선물을 찾기가 쉽지 않지만 깊이 들여다보면 대개 찾을 수 있다.

누군가 아파서 병원에 있다고 해보자. 때로 그들의 가족은 그로 인해 재회하게 된다. 그리고 보기 드물게 훈훈한

방식으로 서로 연결된다. 삶의 마지막 순간은 용서와 화해의 시간이 되기도 하기 때문이다. 사람들은 이때 부쩍 넓어진 시야로 상황을 바라보면서 용서를 구하거나 받아들인다.

눈을 크게 뜨고 살펴보면 발견되기만을 기다리는 특별한 선물을 찾아낼 수 있다. 내가 진행하는 52주 가정 폭력 프로그램에 참여하는 많은 내담자는 가정 폭력으로 체포된 일이 자기에게 벌어진 가장 끔찍한 일이라고 생각하며 프로그램을 시작한다. 하지만 프로그램을 마칠 때가 되면 그들은 체포된 일이 자기에게 가장 큰 행운이었다고 말한다. 체포되지 않았다면 아내나 애인에게 더 끔찍한 일을 저질렀을 수도 있었기 때문이다. 게다가 그들 중 다수는 프로그램에서 배운 방법 덕택에 화를 다루는 법을 배우고, 신념을 바꾸고, 타인을 존중하게 되었다며 감사했다. 일부는 한발 더 나아가 자녀에게나 아직 가정 폭력의 굴레에서 벗어나지 못한 지인에게 자신이 배운 것을 알려준다.

손턴 와일더Thornton Wilder가 쓴 단막극 〈물결을 일으킨 천사The Angel That Troubled the Waters〉에 나오는 의사는 자신의 슬픔과 절망을 치유하고 싶어서 주기적으로 치유의 못으로 간다. 전해 내려오는 믿음에 따라 그는 치유받기 위해 천사가 내려와 못에 물결을 일으킨 후에 못에 가장 먼저 몸을 담그는 사람이 되기를 바란다. 마침내 천사가 나타나지만 그가 못 안에 들어가려던 차에 천사가 그의 길을 막아선다. 천사는 의사에게 못에서 물러나라고 한다. 의사는 천사에게 사정을 봐달라고 간곡히 호소하지만 허락받지 못한다.

둘 사이에 대화가 이어지다가 천사가 말한다. "상처가 없다면 당신의 힘은 어디서 나옵니까? 비애에 빠진 당신의 나직한 목소리만이 떨림과 함께 사람들의 가슴속에 전달될 수 있습니다. 지상에 있는 가련한 이들과 실수투성이인 아이들을 감화하는 데는 천사들조차 삶의 수레바퀴에 치여 낙담한 한 사람에게 미치지 못합니다. 오직 부상당한 군인만이 사랑을 위해 봉사할 수 있습니다. 의사여, 뒤로 물러나십시오."

맨 앞에 있어서 병이 나은 남자가 몸을 돌려 의사에게 말을 건다. "저와 함께 가시죠. 우리 집까지는 한 시간밖에 걸리지 않습니다. 제 아들은 어두운 생각에 빠져 있습니다. 저는 아들을 이해하지 못하겠더군요. 그 아이의 기분이 나아지게 했던 사람은 당신밖에 없습니다. 한 시간밖에…. 제게는 딸도 있습니다. 손주가 죽고 나서는 그 그림자에 갇혀 있지요. 우리 말은 듣지 않지만 당신 말은 들을 것 같군요."[1]

우리는 대개 자신이 겪는 아픔과 시련을 남에게 숨기고 싶어 하고, 모든 게 잘 돌아가는 척하거나 과거를 지워 버린다. 내가 진행한 가정 폭력 프로그램에 참여한 남녀가 이렇게 했다면 그들은 자신의 경험에서 배운 내용을 타인에게 가르쳐주지도, 어떻게 하면 가족을 파괴하는 비뚤어진 신념에서 해방되는지도 깨우치지 못할 것이다. 브레넌 매닝Brennan Manning은 이에 관해 이렇게 적었다. "과거를 지우려는 가망 없는 시도를 하며 우리는 공동체에서 우리가 지닌 치유의 선물을 누릴 기회를 잃는다. 우리가 두려움과 수치심 때문에 상처를 숨긴다면 우리 내면의 어둠은 밝혀지지도, 타인을 위한 빛이 되어 주지도 못할 것이다."[2]

깊이 애도할 때 우리는 공감과 현존을 통해서 삶의 목적을 찾고 세상에 도움이 될 능력을 회복할 수 있다. 우리가 자신의 고통을 깊이 들여다보면서 그 안에서 자신과 타인의 삶을 풍요롭게 할 선물을 발견하기를 바란다.

---

1   Thornton Wilder. <The Angel That Troubled the Waters and Other Plays>. New York; Coward-McCann, 1928, 20.

2   브레넌 매닝, 〈아바의 자녀〉, 복있는사람, 2012.

자신이 겪은 시련, 역경, 상처를 떠올린 뒤 그 경험이 타인에게 빛이 되게 하려면 어떻게 이야기로 풀어낼 수 있을지 생각해보자. 지금 현재 겪고 있는 일 가운데 다른 시각에서 바라본다면 자신이나 타인에게 치유와 도움이 될 만한 일이 있는가?

28장

비폭력 서약

모든 개인은 연민을 품은 비폭력에 기여할 수 있는 능력
이 있다.

-달라이 라마

알베다 킹 박사는 TV쇼에 나와서 삼촌인 마틴 루터 킹
과 비폭력의 힘에 관해 말했다. 그녀는 1960년대에 민권
운동 행진에 참여하기 위해선 모든 사람이 서약서에 서명
해야 했다고 이야기했다.

버밍햄 캠페인에 자진해서 참여한 사람들은 '다짐 카드'
에 서명해야 했다. 그 일부를 인용하면 이렇다.

나는 이로써 비폭력 운동에 나(내 몸)를 바칠 것을 서약합니다. 따라서 나는 다음 사항을 지키겠습니다.

1. 예수의 삶과 가르침을 매일 묵상하겠습니다.
2. 버밍햄의 비폭력 운동은 승리가 아닌 정의와 화해를 추구한다는 점을 항상 기억하겠습니다.
3. 사랑이 묻어나는 방식으로 걷고 말하겠습니다.
4. 모든 이가 자유로워지는 데 일조하도록 날마다 기도하겠습니다.
5. 모든 이가 자유로워지는 데 일조하도록 개인적인 소망을 버리겠습니다.
6. 친구에게도 원수에게도 예의 바르게 행동하겠습니다.
7. 세상과 타인을 위해 정기적으로 봉사하도록 노력하겠습니다.
8. 주먹으로든 혀로든 마음으로든 폭력을 휘두르는 일은 삼가겠습니다.
9. 정신과 몸의 건강을 유지하도록 힘쓰겠습니다.
10. 시위할 때 운동 지령과 지도자의 지시를 따르겠습니다.[1]

서약은 우리가 추구하는 원칙을 계속해서 지켜 나가기 위한 한 방법이다. 마틴 루터 킹은 그를 따르는 사람을 위해 지침과 길잡이가 있는 게 얼마나 중요한지 이해했다.

1   Adam Wolfson. <The Martin Luther King We Remember>, Article from The Public Interest, 2003, 48 & 49.

✧

비폭력을 실천하는 자기만의 서약을 써보자. 어떤 서약이 자신의 가

치관을 반영하면서도 비폭력을 실천하도록 동기를 유발할까?

29장

사랑의 힘

"힘에는 두 종류가 있다. 하나는 처벌을 두려워하는 마음에
서 비롯되고, 다른 하나는 사랑을 보여줌으로써 얻는다. 처
벌의 두려움에서 나온 힘보다 사랑에 기반한 힘이 수천 배
는 더 효과적이고 영속적이다."

-마하트마 간디[1]

아직 어린아이였던 시절 나는 생일에 킹콩 장난감을 선
물받았다. 당시 나는 킹콩에 빠져 있었기에 이 선물은 내
게 무척이나 특별했다. 그런데 장난감을 가지고 놀다가 세
살 난 남동생이 킹콩 인형을 무서워한다는 사실을 알았다.
나는 형들이 으레 그러하듯 인형을 들이밀고 킹콩처럼 포
효해서 남동생에게 겁을 주면서 온 집 안을 뛰어다녔다.

대개 그렇듯이 동생은 도망가서 부모님께 일렀다. 부모님은 인형을 빼앗고는 동생을 겁주지 않겠다는 조건 아래 되돌려주었다. 이 과정이 몇 번 더 반복되었다. 부모님은 내가 한 번만 더 그런 짓을 하면 킹콩 인형을 벽난로에 던져 태워 버리겠다고 협박하기까지 했다.

흐음, 나는 동생에게 한 번만 더 겁을 주고 싶은 유혹을 뿌리치지 못했다. 나는 장난감을 쥐고 한 번 더 킹콩처럼 울부짖었고 동생은 울면서 달려나갔다. 하지만 평소와 달랐던 동생의 행동 때문에 나는 그날을 절대 잊지 못한다. 동생은 아버지의 다리를 향해 전속력으로 달려가서 죽을힘을 다해 매달렸다. 동생은 아버지의 다리를 절대 놓으려 하지 않았고 우리는 동생을 거기에서 떼어놓을 수 없었다. 그 후로 오랫동안 그 상황이 내게서 떠나지 않았다. 그 장면은 나와 내 동생이 언제나 알고 있던 사실을 다시금 떠올리게 했다. 바로 어떤 상황에서든 아버지가 우리를 안전하게 보호하리라는 사실이었다. 우리는 아버지가 우리를 무조건 사랑해줄 것이며, 필요할 때는 언제나 곁에 있으리라고 믿었다.

안타깝게도 슬픈 사실은 아이들이 부모를 무서워하며 달아나는 일이 많다는 것이다. 모든 아이가 안전한 환경에서 자라며 사랑받기를 염원한다. 언제든 필요할 때 부모에게 달려갈 수 있다는 안정감을 느끼기를 원한다. 하지만 불행히도 사정이 이렇지 않은 집이 많다.

그 이유는 많은 부모가 긴장과 스트레스를 다루는 법이라며 배웠던 방법이 사실 신뢰를 갉아먹고 저항과 힘겨루기를 불러오기 때문이다. 자녀 때문에 속상하면 부모는 목소리를 높여 아이를 꾸짖는다. 때로는 아이를 비난하거나 협박하기도 한다. 그러다가 어떤 부모는 자녀를 때리고 귀를 잡아당기고 꼬집기까지 한다. 이런 행동은 모두 힘과 통제를 나타낸다. 자녀의 행동에 속상한 부모는 타인에게 배운 대로 힘을 사용해서 자기 뜻을 강요해도 괜찮다고 여기고 그러한 방법에 기댄다.

많은 부모는 자녀를 통제하기 위해 완력, 겁주기 등 힘을 사용해야 한다는 메시지를 받아왔다. 그러나 이 방식은 아이의 삶에 분개, 죄책감, 두려움, 수치심을 주입할 뿐이다. 불행히도 부모 말에 아이들이 복종하는 이유는 이러한 부정적 감정의 에너지 때문이다. 아이들이 두려움이나 죄책감 때문에 반응한다면 나중에 부모가 그 대가를 치른다. 자녀에게 비폭력을 몸소 본보이고, 그들을 존중하고, 그들과 소통해서 비폭력을 다음 세대에 물려주는 일은 매우 중요하다. 나는 부모들이 아이들을 잘 들어주고, 아이들과 협력하고 연결하고 싶은 욕구가 있다고 믿는다. 또한 자녀를 존중하고 잘 기르고 싶은 욕구도 있다고 믿는다. 부모가 본을 보인다면 아이들이 부모에게서 이러한 가치관을 배울 가능성도 커진다.

이제는 커서 어른이 되었지만 우리 중에는 힘 휘두르기 방식을 사용하는 부모 밑에서 자란 사람도 있다. 우리는 이렇게 배운 방식을 자녀와 배우자, 직장 동료에게 사용하기도 한다. 어릴 때 무의식적으로 습득한 것일수록 바꾸기가 어렵다. 삶에서 반복되는 패턴을 보면서도 왜 비슷한 결과를 계속 경험하게 되는지 이해하지 못하기도 한다. 파울로 코엘료는 이렇게 썼다. "그리고 전사는 이런 반복된 경험에는 단 한 가지의 목적이 있다는 사실을 깨달았다. 바로 그가 배우려 들지 않는 것을 그에게 가르치기 위함이었다."[2]

우리가 비폭력을 실천하고 세상을 안전한 곳으로 만드는 과정에서 우리가 곤경에 처했을 때 누구라도 달려갈 수 있는 사람이 될 수 있게 새로운 방식을 배우는 것이 중요하다.

1   간디, 모한다스 카람찬드, 〈영인디아〉, 1925년 1월 8일자 15면.(영인디아는 간디가 영어로 펴낸 주간지 이름으로, 간디는 이 매체를 통해 사티아그라하와 비폭력의 메시지를 전달하려 했다-옮긴이)

2   Paulo Cuelho. <Warrior of the Light>, New York, Harper Collins, 2003, 10.

힘을 어떻게 사용하면 상대를 통제하거나 두려움을 심어주지 않으면서 더불어 나아갈 수 있을까? 이제껏 배웠던 것 가운데 버리고 싶은 방식이 있는가? 함께하는 사람을 존중하고 사랑하며 그들과 힘을 합치기 위해 어떤 새로운 방법을 사용할 수 있을까?

30장

비폭력이 주는 선물

"최종 승리는 수많은 짧은 교전이 쌓인 결과다."

-마틴 루터 킹, 〈우리는 어디로 가는가?Where Do We Go From Here?〉

우리는 과거에 후회되는 일을 한 적이 있다. 때로 우리는 이런 행동이 우리를 정의하게 내버려둔다. 우리는 자신을 판단함으로써 한 개인으로 제대로 성장하지 못하게 막는 다. 우리가 과거에 한 행동이 우리 삶에 그늘을 드리운다. 그 기억이 뇌리에서 떠나지 않아 괴로워하기도 한다. 언제 나 따라다니는 그림자처럼 우리가 했던 행동을 자꾸만 떠올리게 만든다.

우리는 앞으로도 후회스러운 선택을 하겠지만 그런 결정
에서 배울 수 있다는 점을 기억하자. 비폭력이 퍼져서 세
상에 영향을 미치려면 비폭력에는 삶을 변화시킬 수 있는
힘이 있다는 것을 믿어야 한다. 사람은 변할 수 있기 때문
에 우리는 이들을 각성으로 이끌거나 이들의 심장에 불을
지필 수 있다. 타인을 변화시킬 수 없고 강제로 변하게 할
수도 없다는 말은 사실이다. 하지만 때로 우리는 그 사람
이 자신을 되돌아보고 변하겠다고 결심하는 데 한몫 거들
수 있다. 이런 일은 선물과 같다. '영혼의 힘'을 행동에 옮
김으로써 우리는 받는 이와 주는 이에게 축복을 안길 가능
성을 창조한다.

쿠 클럭스 클랜Ku Klux Klan(KKK라고도 불리는 백인 우월주의
자 단체-옮긴이) 지부를 이끌던 래리 트랩Larry Trapp은 네브래
스카 주뿐 아니라 이웃 아이오와 주에 사는 흑인과 동양인,
유대인 가족까지 공포에 떨게 한 인물이다. 그는 여러 아프
리카계 미국인의 집을 폭탄으로 테러했다는 혐의를 받고
있었다. 게다가 그는 1991년 3월에 네브래스카 주 오마하
에 있는 인도차이나 난민 수용소에 불을 지르고 거기에 '국
스Gooks(한국 사람을 비하하는 말-옮긴이) 작전'이라는 이름을

붙인 장본인이었다.[1]

그는 백인 우월주의를 바탕으로 한 TV 시리즈를 방송에 내보내기도 했다. 마이클 위저Michael Wiesser와 그의 아내 줄리Julie는 유대인 부부로 네브래스카 주 링컨으로 막 이사한 참이었다. 그들은 트랩의 표적이 되었고 여러 차례 협박 전화를 받았다.

트랩은 혼자 살았는데 당뇨병 말기 환자였기에 휠체어 신세를 지고 있었다.

위저는 전화로 그와 대화를 시도했다. 그러다가 위저는 식료품점에 데려가 주겠다며 트랩에게 도움을 제안했다. 트랩은 그 말에 마음이 누그러졌고 할 말을 잃고 말았다.

그러던 어느 날 저녁 위저의 집 전화가 울렸다. 트랩이었다. "밖에 나가고 싶습니다. 하지만 어떻게 해야 할지 모르겠군요."

위저 부부는 그날 밤 함께 식사하자며 트랩의 집을 방문하겠다고 제안했다. 트랩은 망설이다가 제안을 받아들이며 자기가 아파트 3호실에 산다고 이야기했다. 위저 부부가 아파트 안으로 들어오자 트랩은 울음을 터뜨리며 나치 문양이 새겨진 반지들을 빼냈다. 이내 그들은 함께 울고 웃고 껴안았다.

트랩은 자신이 가입해 있던 모든 인종차별주의 단체에서 나왔고 자기가 협박하거나 괴롭혔던 많은 사람에게 사과의 편지를 썼다. 그로부터 몇 달 뒤 트랩은 자기가 살날이 일 년도 채 남지 않았다는 사실을 알았다. 침실이 두 개 딸린 집에서 세 자녀와 함께 살던 위저 부부는 그들의 집으로 트랩을 불렀다. 트랩의 상태가 악화되자 줄리는 간호사 일을 그만두고 그를 돌보았다. 때로는 그러느라 밤을 새웠다. 여섯 달 뒤에 트랩은 유대교로 개종했고, 그로부터 석 달 뒤 사망했다.[2]

'상처받은 사람이 다른 사람에게 상처를 준다'는 말이 있다. 타인에게 해를 끼치는 사람은 누군가에게 피해당한 적이 있다는 이야기다. 트랩은 아버지에게 학대당했고 4학년이 되었을 때는 이미 알코올 중독자였다.

이 이야기는 한 가족이 기꺼이 타인을 위해 헌신한 행동을 보여주는 예다. 그 가족은 시련을 겪었지만 분노하고 비난하고 판단하기보다 계속해서 연민하는 길을 선택했다.

마틴 루터 킹은 이렇게 말했다. "그(불순응주의자)는 사회 변화가 하루아침에 일어나지 않으리라는 사실을 압니다. 그래도 개의치 않고 당장이라도 일어날 일인 것처럼 이를 위해 애씁니다."[3]

내가 어렸을 때 초등학교 선생님은 모든 아이에게 흙이 채워진 컵을 하나씩 주었다. 우리는 매일 컵에 물을 주어야 한다는 지시를 받았다. 나는 그 말을 듣고 물을 주다가 초록 잎 두 개가 돋아났을 때 놀랐던 기억이 난다. 나는 이파리가 펼쳐지는 장면을 보면서 흥분을 감출 수 없었다. 생명이 어디에나 있고 때로는 생각지도 못한 장소에 숨어 있다는 사실, 작은 손길로도 세상에 도움이 될 수 있다는 사실을 알려주는 교훈이었다.

우리가 하는 모든 행동은 세상에 도움이 되거나 해를 끼치는 결과를 불러온다. 비폭력을 실천하고 타인을 긍정적으로 바라볼 때 상대를 감화하고 사회를 변화시키며 새로운 미래를 불러들이는 일에 도움이 될 수 있다는 점을 기억하기 바란다.

1   월터 윙크. <The powers that Be: Theology for a New Millennium>. New York; Random House, 1998, 173.
2   위의 책, 174-175.
3   마틴 루터 킹, 〈사랑의 힘〉, 예찬사, 1987.

✧

사랑하기 힘든 사람을 연민으로 대할 방법이 하나 있다면 무엇일까?

*Principles
and
Practices
of Nonviolence*

느낌 목록

정다운	행복한	신나는	자신감에 찬
연민 어린	즐거운	고무된	낙관적인
솔직한	더없이 행복한	진취적인	용기를 얻은
후한	기분이 들뜬	놀라움에 찬	자랑스러운
보살피는	기쁨에 겨운	경이에 찬	당당한
애정 어린	반가운	호기심 많은	희망에 찬
다정한	뛸 듯이 기쁜	야심 찬	열려 있는
따뜻한	흡족한	열렬한	든든한
공감 어린	기분 좋은	열정적인	안심되는

평화로운	상쾌한	고마운	집중한
현실적인	활기찬	감사하는	바쁜
차분한	젊어진 듯한	감탄한	매료된
안정된	피로가 가시는	감동한	몰두한
만족하는	회복한	감격한	흥미로워하는
자족하는	기운 나는	흡족한	흥분된
편안한	느긋한	끝내주는	단단히 결심한
냉철한	안도하는	황홀한	관심 있는
온화한	쾌활한	짜릿한	열중한
평온한	생기가 도는	경외심이 드는	호기심 많은

두려운	취약한	화난	슬픈
겁먹은	당황한	동요하는	우울한
불안한	민감한	짜증 난	마음이 아픈
불신하는	조심스러운	신경질적인	애절한
공포에 질린	방어적인	넌더리 내는	심란한
조마조마한	신중한	격분한	낙심한
초조한	허둥대는	좌절한	기운을 잃은
망연자실한	혼란스러운	격앙된	재미없는
전전긍긍하는	죄책감을 느끼는	안달 난	지루한
걱정되는	수치스러운	언짢은	상처받은
안절부절못하는	주저하는	억울한/분개한	외로운
미심쩍은	수줍은	냉정한	지친

느낌으로 가장한 생각들

✧

버림받은, 학대받은, 공격당한, 배신당한, 통제당한, 짓밟힌, 이용당

한, 업신여겨진, 무시당한, 위협당한, 투명인간 취급당한, 기대를 저

버린, 소외된, 조종당한, 괴롭힘당한, 관심에서 멀어진, 거절당한, 아

무도 귀 기울이지 않는, 인정받지 못한

욕구 목록

연결	소통	중요성	의미
유대감	정보	존중	자각
애정	공감	목적의식	축하
친함	알게 되고	누군가에게	참여
보살핌	알려지기	관심받기	명확성
돌봄	주목받기	수용	삶을 예찬하기
사랑	너그러움	인지	창조성
다정함	이해	감사	기여
따뜻함	자기표현	인정	애도
동료	진실성	기여하기	경이감
친밀함	현존	세상에 도움되기	희망

성장	지지	놀이	평화
자기 통달	격려	유머	평온
자제력	협동	기쁨	편안함
배움	협력	재미	영감
효율성	상호 의존	신남	화합
도전	용서	에너지	균형
능숙함	공동체	열정	리듬/흐름
진전	도움	오락	질서/구조
자유로운 움직임	친절함	근심 걱정 없음	고요함
발견	신뢰	호기심	느긋함

자율성	신체적 행복	참여	고독
선택권	공기	소속	혼자만의 시간
꿈 선택	보존	안심	사생활
목표, 가치관	음식/물	안정	삶을 돌아보기
방법 선택하기	휴식/잠	수용	성찰
만족스러운 꿈	성적 표현	상호 관계	사색
자유	안전/보호	상호 의존	자기연민
자립	감각 자극	우정	자기 돌봄
개성	주거	용서	치유
공간	달램/어루만짐	적극적 관여	슬퍼하기
사생활	생계	정서적 안전	애도하기

삶에 도움이 되는 방식

1. 시간 갖기

마음을 진정시키기 위해서 한 시간쯤 갈등 상황에서 빠져나오자. 안에 쌓인 에너지를 발산하기 위해 걷기나 달리기 같은 운동처럼 활동적인 일을 하며 곰곰이 상황을 되돌아보고 모두의 욕구를 헤아려보자. 약속한 시간이 되면 돌아가서 갈등을 해결하자.

2. 잠깐 여유 갖기

주의를 다른 데로 돌림으로써 바로 반응하지 않고 여유 시간을 가지자. 마음을 가라앉히기 위해 당면한 상황에서 벗어나자.

3. 심호흡

흥분을 가라앉히기 위해 코로 숨을 들이마시고 입으로 내뱉으며 마음을 느긋하게 먹자. 다소 진정될 때까지 심호흡을 반복하자.

4. 10까지나 100까지 숫자 세기

주의를 다른 데로 돌리기 위해 숫자를 세면서 진정하는 데 집중하자.

긍정적인 말, 만트라를 가능한 한 큰 소리로 계속해서 읽거나 종이에 적자. 자신과 타인, 상황에 관해 긍정적인 혼잣말을 해보자.

자신을 판단하지 않으면서 '자신이 어떤 식으로 관여했는지' 자문하자. 관찰할 수 있는 행동만을 보자.

먼저 생각한 뒤에 말하자. 상대에게 무슨 말을 할지 곰곰이 생각하고 그 말이 상황에 도움이 되는지 결정한다.

휴식하고 회복하고 재충전하고 자신을 돌볼 수 있게 혼자만의 시간을 갖자. 여기에는 영양가 높은 식사하기, 운동하기, 글쓰기, 휴식하기 등이 포함된다.

가족이나 친구와 멋진 시간을 보내자.

알코올 중독자나 약물 중독자 모임에 참석하거나 상담 치료를 받거나 지원 단체의 도움을 받자. 12단계('익명의 알코올 중독자들'이라 불리는 단체에서 사용하는 방법으로 알코올 중독의 치료와 회복 과정을 12단계로 정리해놓았다

옮긴이)를 따르자. 일기를 쓰거나 명상하자. 또는 도움을 줄 수 있는 사람과 통화하거나 만나서 대화하자.

11. 데이트하기(저녁이나 낮에)

자녀 없이 부부만 함께 보내는 시간을 갖자.

12. 감사 목록 만들기

감사하는 일로 목록을 작성하고 각 항목 옆에 그로 인해 어떤 욕구가 충족되었는지 기록하자.

13. 느낌과 욕구 적기

종이 한가운데에 선을 그어 위에는 느낌을, 아래에는 욕구를 적자. 상대의 느낌과 욕구를 헤아려보는 데 이 방법을 써도 된다,

14. 일기 쓰기

생각과 느낌, 욕구를 비롯해 도움이 되는 것이라면 무엇이든 기록하자. 기린식으로 일기를 쓸 때는 자기 느낌과 욕구를 발견하고 욕구를 충족하기 위해 쓸 방법을 살펴보는 데 특별히 초점을 맞춰보자.

15. 기린식 현실 점검하기

자신이 어떤 감정을 느끼는지, 무엇을 원하는지 자문한 뒤 물음에 답하자.

예시: 네가 ＿＿을 했을 때 고마웠어. 그 덕분에 ＿＿ 욕구가 충족되었거든.

타인에게 실행 가능한 일을 구체적으로 부탁하자. 이때 상대에게 강요하지 말고 상대가 자유로이 선택할 수 있게 하자.

예시: 일요일까지 잔디를 깎아줄 수 있겠니?

관찰한 바와 느낌, 욕구, 부탁을 분명하게 말하자.

상대의 감정과 욕구를 알아내보자.

예시: ＿＿을 원하기 때문에 ＿＿한 감정을 느끼니?

상대가 한 말을 되풀이하거나 자신의 말로 바꿔서 말해 보자.

'나도 너라면 ＿＿한 감정을 느꼈을 거야. 나였어도 ＿＿을 원했을 거야.'라고 말함으로써 상대의 입장을 알아주자.

22. 기린식 애도하기

자신이 한 일 가운데 어떤 일이 세상에 도움이 되지 않았는지 파악하고 이를 어떻게 느끼는지, 그로 인해 우리의 어떤 욕구가 충족되지 않았는지 이야기 하자. 다음번에는 관련된 모든 사람이 존중되도록 의논할 것이라고 상대가 안심할 수 있는 약속을 하자.

23. 기린 귀로 상대의 말 듣기(공감)

상대를 위해 그 순간 그 자리에 온전히 함께 있어 주면서 상대가 어떤 감정을 느끼는지, 상대에게 어떤 욕구가 있는지 추측하자.

24. 기린 귀로 내면의 말 듣기(자기 공감)

자신의 느낌과 욕구를 찬찬히 살펴보고 인정하자.

25. 욕구에 대해 명상하기

욕구의 아름다움에 연결되자.

힘 휘두르기(power-over) 방법

✧

신체적 방법: 손바닥이나 주먹으로 때리기, 밀기, 잡아당기기, 머리카락 잡기, 발로 차기, 힘으로 저지하기, 달려들기, 멱살 잡기, 목 조르기, 출구나 길 막기, 상대의 휴대전화를 빼앗거나 망가뜨리기, 침 뱉기, 빤히 쳐다보기, 꼬집기, 물기, 붙잡기, 쥐고 흔들기, 끌고 가기, 물건을 상대나 상대가 있는 쪽으로 던지기, 물건 부수기, 상대의 소유물 망가뜨리기, 무기 보여주기, 무기 사용하기, 목소리 높이기, 욕설 내뱉기, 상대나 상대의 자녀 혹은 반려동물을 해치겠다며 위협하기.

성적 방법: 강제로 성관계를 맺거나 성행위하기, 성적 행위 요구하기, 상대가 원치 않는데 계속해서 애무하거나 만지기, 상대에게 음란물을 봐야 한다고 말하거나 힘 휘두르기 방식을 사용하며 상대가 음란물을 보게끔 계속해서 압박 가하기, 피임 없이 성관계를 갖자고 상대 압박하기.

겁주기 방법: 배우자나 자녀, 친척, 반려동물을 해치겠다며 협박하기, 자해하겠다고 협박하기, 상대의 마음에 의도적으로 상처 주기 위해서 관계를 끝내겠다고 협박하기, 자녀를 데려가겠다고 협박하기, 물건 망가뜨리기, 노려보기, 상대의 직장, 학교, 가게까지 쫓아다니며 계속해서 상대를 부르거나 여러 장소에 예상치 못하게 나타나기.

경제적 방법: 상대에게 생활비 주지 않기, 일하지 못하게 하기, 직업에 간섭하기, 돈을 가져가기, 경제적 결정이나 다른 중요한 결정을 할 때 상대의 의견 듣지 않기, 성 역할 정의하기, 힘 휘두르기 방식을 활용해서 성 역할 강요하기, 상대가 자기 말에 전적으로 복종하기(요리, 청소, 빨래하기 등)를 기대하거나 힘 휘두르기 방식을 사용해서 복종하게 만들기.

정서적 방법: 욕설, 꼬리표 붙이기, 비판, 비난, 소리 지르기, 상대가 말하는 도중에 끼어들기, 상대가 끝까지 말하게 내버려두지 않기, 힘 휘두르기 방식을 활용하는 게 대수롭지 않은 문제인 양 취급하기, 농담하면서 의도적으로 상처 주기, 떠나겠다고 협박하면서 상처 주기.

고립 방법: 친구나 친척을 만나지 못하게 하기, 전화 감시하기, 허락 없이 휴대전화 확인하기, 휴대전화를 못 쓰게 하기, 상대의 이메일이나 편지 읽기, 열쇠 가져가 버리기, 열쇠 숨기기, 상대가 가도 되는 곳과 가면 안 되는 곳 정하기, 상대가 자기 말을 따르지 않을 때 힘을 사용하거나 그러겠다고 협박하기.

*Principles
and
Practices
of Nonviolence*

이 책의 큰 줄기는 이 프로젝트를 위한 글들이 퍼즐 조각처럼 함께 모이면서 만들어졌다. 나는 18년 동안 비폭력을 가르쳐왔고 그 덕분에 오랜 시간 많은 부모와 청년, 개인과 가족과 함께 일할 수 있었다. 책에 있는 내용 대부분이 이들과 일한 경험과 함께한 여정에서 나눈 것을 토대로 한다. 그들에게 배운 것에 감사한다.

나는 학교에서 마하트마 간디와 마틴 루터 킹을 배운 뒤로 그들을 쭉 존경해왔다. 처음으로 마틴 루터 킹이 쓴 〈사랑의 힘Strength to Love〉을 읽었을 때 깊은 감명을 받았고 매번 다시 읽을 때마다 여전히 그때의 감동을 느낀다.

월터 윙크와 테런스 J. 라인의 글 역시 내게 커다란 영향을 주었다. 이들이 쓴 책을 읽으며 내게 새로운 길을 보여준 두 저자에게 가슴 깊이 감사한다.

내 삶에 지대한 영향을 미친 마셜 로젠버그는 비폭력대화를 세상에 알리는 데 기여했다. 그를 비롯해 삶에서 비폭력대화를 어떻게 실천할지 가르쳐준 모든 이들에게 느끼는 고마움은 영원히 잊지 못한다. 나는 비폭력대화센터the Center for Nonviolent Communication, CNVC 국제인증 트레이너로서 비폭력대화가 비폭력 원칙을 적용하는 하나의 방법이며 우리가 매일 자신과 타인에게, 마음속에서나 대화 속에서 비폭력을 실천하도록 도와주는 방법이라고 생각한다. 비폭력대화의 실천이 내 일부가 된 지금 그게 없는 내 인생은 상상이 되지 않는다.

NVC(비폭력대화) 교육 과정의 주요 내용

NVC 1 (16시간 내외)

1. NVC 기본 모델(관찰, 느낌, 욕구, 부탁)
2. 솔직한 자기 표현(Expressing Honestly)
3. 진정한 대화를 방해하는 요소들
4. 공감(Empathy)
5. 네 가지 선택(4 Ears)
6. 감사(Gratitude)

NVC 2 (24시간 내외)

1. NVC 모델로 말하고 듣기
2. 자기공감
3. 분노를 온전히 표현하기 (1)
4. 분노를 온전히 표현하기 (2)
5. 공감(Empathy) / Need 명상
6. 거절("No")하기와 듣기
7. 선택하면서 살기
8. 감사(듣고 싶었던 감사)

NVC 3 (24시간 내외)

1. NVC가 추구하는 세 영역, 대화의 두 가지 측면
2. 4코너
3. 인정 듣기
4. Need에 기반한 부탁
5. 공감 심화
6. 두려운 진실(Scary Honesty) 표현하기
7. 지배 체제(Power over/under)의 나의 모습
8. 파트너 체제(Power with)로 살아가기

NVC LIFE (1년 과정, 집중 워크숍&연습모임)	매일매일 삶 속에서 NVC 의식으로 살고자 하는 분들이 모여 서로의 삶을 나누고 지원하면서 함께 배우고 성장해가는 공동체를 만듭니다. 교육 과정은 NVC 의식을 더 깊이 경험하고 체화하는 내용들로 구성됩니다.
NVC 중재 (4박 5일 집중 과정 3회)	NVC 기술과 정신으로 갈등을 중재하는 방법을 안전한 배움 공동체에서 함께 배우고 익히는 과정입니다. 삶의 모든 영역에서 일어나는 여러 갈등(나의 내면에서 일어나는 갈등, 나와 다른 사람 사이의 갈등, 다른 사람들 사이의 갈등)을 다루는 데 필요한 기술과 능력을 향상시키는 것을 목표로 합니다.
스마일키퍼스 (어린이와 청소년을 위한 프로그램)	다양한 상징적인 표현 활동(놀이, 그림, 말하기, 듣기, 협동 활동, 몸으로 표현하기 등)으로 진행됩니다. 강사는 판단이나 조언 대신 이해와 공감으로 반응하고, 참가자 간의 상호작용을 통해 배웁니다.
주제별 교육	코어자칼(Core Jackal), NVC 댄스플로어(Dance Floor), 치유와 화해, 몸을 깨우다, 분노 다루기, CNVC 해외 공인 트레이너 초청 특강 등
대상별 교육	부모, 교사, 청년, 대학생, 부부, 기업, 공공기관 등

※ 위 교육 과정은 상황에 따라 변동될 수 있습니다.

한국비폭력대화교육원
www.krnvcedu.com

Principles
and
Practices
of Nonviolence

비폭력으로
살아가기

펴낸날 1판 1쇄 발행 | 2023년 3월 23일
1판 3쇄 발행 | 2024년 9월 5일

지은이 에디 자카파
옮긴이 김하늘

펴낸이 캐서린 한
펴낸곳 한국NVC출판사
편집장 김일수
디자인 정정은
마케팅 권순민, 고원열, 구름산책

인쇄 천광인쇄사
용지 페이퍼프라이스

출판등록 제312-2008-000011호 (2008. 4. 4)
주소 (03035) 서울시 종로구 자하문로 17길 12-9(옥인동) 2층
전화 02)3142-5586 팩스 | 02)325-5587

홈페이지 www.krnvcbooks.com **인스타그램** kr_nvc_book **블로그** blog.naver.com/krnvcbook
유튜브 youtube.com/@nvc **페이스북** facebook.com/krnvc **이메일** book@krnvc.org

ISBN 979-11-85121-383 03300